세계가 놀란

개성회계의 비밀

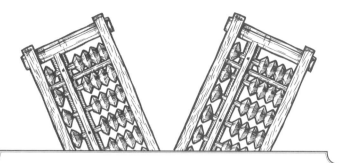

개성상인이 발명한 세계 최초 복식부기 이야기

세계가 놀란
개성회계의 비밀

한국공인회계사회 기획 | 전성호 지음

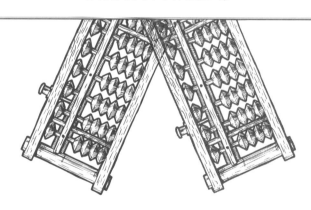

한국경제신문

회계가 힘이다!

《세계가 놀란 개성회계의 비밀》은 개성상인을 통해 살펴본 우리의 회계라는 점에서 그 시도가 매우 참신하고, 한국공인회계사회에서 기획했다는 점에서 믿음이 갑니다. 이 책에는 역사 속에 가려진 우리 선조들의 독창적인 회계 기술이 담겨 있으며, 무엇보다 회계를 모르는 사회학자인 저도 회계가 무엇인지 쉽게 이해할 수 있게 구성되고 서술돼 있습니다.

그동안 회계는 베네치아의 상인이 사용하는 장부 기록 방식으로 상징돼 서양의 지식으로만 여겨져 왔습니다. 그런데 이 책을 통해 오히려 개성상인의 복식부기가 서양보다 200년이나 앞섰다는 사실을 알게 됐습니다. 우리의 회계가 이렇게 훌륭하다는 사실을 알고 매우 놀랐습니다.

이 책에는 세계 최초·최고의 복식부기인 개성회계부터 세종대왕, 이순신 장군의 회계장부에 이르기까지 역사를 통해 회계를 배울 수 있는 귀한 자료들이 담겨 있습니다. 저는 과거의 회계 원칙을 현대에 적용해도 전혀 손색이 없음에 또 한 번 놀랐습니다.

회계는 중·고생이 잘 이해할 수 없는 교과목입니다. 특성화고등학교의 상업계열에서만 배울 수 있고, 대학교에 가더라도 경상계열이 아니면 접하기 힘듭니다. 하지만 학교를 졸업하고 사회생활·회사생활을 하다 보면 '회계'라는 말을 무척 많이 듣고 사용하게 됩니다. 회계는 필요하긴 한데 막상 공부하자면 어렵고 막막하기만 한 것이 사실입니다.

하지만 책에서 강조하고 있듯이 회계가 바로 서야 경제도, 사회도, 나라도 바로 설 수 있습니다. 저는 우리의 초·중등교육도 상급 학교 진학만을 위한 입시 도구로서의 지식 교육이 아니라, 실생활에 잘 활용할 수 있는 교육이 되어야 한다고 생각합니다. 회계는 실생활에 가장 가까운 지식이라고 할 수 있습니다. 알기 쉽고 배우기 쉬운 《세계가 놀란 개성회계의 비밀》이 실생활에 활용할 수 있는 지식을 전해주고 있습니다.

서울특별시 교육감 **조희연**

조희연

뛰어난 상술과 인삼 무역으로 전 세계에 명성을 떨친 개성상인, 그 성공의 바탕이 된 것이 바로 거래를 투명하게 기록할 수 있는 회계 기술이었습니다.

개성회계는 개성상인들이 고안해낸 '사개송도치부법' 등 서양보다 앞선 복식부기 방식으로, 옛 선인들의 뛰어난 경영 철학을 엿볼 수 있습니다.

치부(置簿)는 장부를 다스리고, 바로잡는다는 뜻입니다. 개성상인들은 회계를 그저 장부를 생산하고 이익을 계산하는 요식행위로만 보지 않았습니다. 신용을 목숨처럼 여긴 개성상인의 회계장부 첫 장에는 '천은상길진(天恩上吉辰)'이라는 말이 적혀 있습니다. 하늘의 은혜를 성실히 기록하고 거짓이 없음을 나타낸다는 의미로, 선조들의 정직성이 압축돼 있는 표현입니다.

이 책은 개성상인과 우리나라 회계의 오랜 역사를 다루고 있습니다. 하지만 행간을 통해 현대를 살아가는 우리에게 필요한 지혜도 제시하고 있습니다. 바로 '회계가 바로 서야 경제도, 사회도, 나라도 바로 선다' 라는 상식입니다.

회계의 투명성은 국가 신뢰도와도 직결됩니다. 개성상인들의 경영 기법으로 국가경제 발전에 기여하는 회계 문화가 정착돼 보다 투명하고 신뢰할 수 있는 튼튼한 경제가 구축되길 바라며, 국제사회에도 책임을 다하는 전문성과 윤리성이 확립되길 바랍니다.

모쪼록《세계가 놀란 개성회계의 비밀》이 난해하다고 여겨져 왔던 회계에 대한 고정관념을 허물고, 대중에게 쉽게 다가가는 대중 도서로 널리 읽히길 바랍니다.

국회 교육위원장 **이찬열**

| 제1강 |
이탈리아 베네치아상인과 한국 개성상인

| 제2강 |
세계 최초 · 최고의 복식부기

개성상인들이 후손에게 남겨준
가장 강력한 지적 유산

오늘날 세계 질서를 유지하는 힘은 크게 군사 중심의 하드파워와 문화 중심의 소프트파워로 구분됩니다. 20세기까지만 해도 인류를 지배하는 힘은 군사력과 경제력으로 대변되는 하드파워였습니다. 그러나 21세기로 들어서면서 더는 총이나 GDP 같은 하드파워로 세계를 지배할 수 없게 됐습니다. 다른 나라의 국민이 자국에 매력을 느껴 영구히 거주하고 싶어 할 정도로 강하게 끌어들이는 자석과도 같은 힘이 세계를 지배할 수 있게 된 거죠.

소프트파워란 1990년대 미국 하버드대학교의 조지프 나이(Joseph S. Nye) 교수가 제창한 문화적 영향력을 지칭합니다. 그는 군사 패권의 함정에 빠진 미국을 구하기 위해 다른 사람을 위압하는 하드파워보다 남을 유혹하고 설득하는 소프트파워가 훨씬 강력한 힘이라고 주장했습니다. 세계적인 미래학자 앨빈 토플러 역시 《제3의 물결》에서 세계 파워의 흐름이 농업혁명에서 산업혁명으로, 그리고 산업혁명에서 정보와 지식혁명으로 이동하는 데 주목한 바 있습니다.

세계사를 이 두 파워의 변화 속에서 살펴보면 소프트파워가 주도하는 시대는 평화와 번영의 시대인 반면, 하드파워가 주도하는 시대는 전쟁의 시대였습니다. 얼마 전까지만 해도 동북아시아를 중심으로 한 세계 질서는 하드파워끼리의 강한 대립 구도였습니다. 그러나 이제는 하드파워 간의 대립은 점점 사라지고 대화와 타협, 이해와 양보를 전제로 한 소프트파워가 그 자리를 대신하고 있습니다.

개성상인들은 오늘날 제4차 산업혁명 시대를 선도할 수 있는 소프트파워 세 가지를 유산으로 남겨줬습니다. 하나는 이탈리아 베네치아보다 200년이나 앞선 복식부기 '사개송도치부법'이고, 또 하나는 최근 인터넷상의 위조와 변조가 불가능한 블록체인 망처럼 은행을 방문하지 않고도 회계장부의 계정 처리만으로 금융 거래를 수행하는 '시변제도'이며, 나머지

하나는 소유와 경영의 분리를 실천한 전문경영인제도인 '차인제도'입니다. 지금은 북한 땅이 되어 마음대로 갈 수 없지만 개성은 천 년의 역사 속에서 형성된 사개송도치부법, 시변제도, 차인제도라는 인류 최고의 자본주의 소프트웨어가 탄생한 곳입니다.

소프트파워 가운데 가장 위대한 파워가 바로 복식부기 회계 능력입니다. 모든 거래 사실을 하나도 빠짐없이 차변과 대변으로 분개하여 단 한 장의 재무제표를 통해 타인의 돈을 끌어들이기 때문입니다. 그야말로 오늘날 소프트파워의 핵심이라 할 수 있습니다.

이 책은 인류가 창안해낸 지적 생산물 중 가장 위대한 것으로 일컬어지는 개성상인들의 복식부기, 즉 사개송도치부법을 스토리텔링으로 알기 쉽게 설명하고 있습니다. 아울러 개성상인들의 철학과 윤리 그리고 상도와 상술에 대해서도 소상히 이야기하고 있습니다. 대한민국, 나아가 통일된 우리 조국이 제4차 산업혁명 시대를 주도하며 세계사의 중심으로 우뚝 서기 위해서는 투명하고 정직한 회계를 바탕으로 성숙한 자본주의 문화를 정착시켜나가야 합니다. 우리의 모델은 천 년 전 이 땅을 살다 간 개성상인들입니다. 그들은 후손에게 다른 나라 국민이 한국을 존경할 수 있게 하는 가장 강력한 지적 유산을 남겨줬습니다.

이 책은 소설을 읽듯 이야기를 따라가다 보면 자연스럽게 회계의 원리와 개성상인들의 복식부기에 대해 알 수 있게 해줍니다. 이 책을 펴내기까지 많은 지원을 해주신 한국공인회계사회 최중경 회장과 이정헌 연구본부장 그리고 한경BP 임직원 여러분께 깊은 감사의 말씀을 전합니다.

저자 **전성호**

회계가 바로 서야 경제가 바로 섭니다

- 우리 민족이 복식부기 창시자 -

회계는 대부분의 국민에게 친숙하지 않습니다. 복잡하고 어렵다고 생각합니다. 물론 회계 지식은 일반인보다는 전문가의 영역입니다. 실제로 공인회계사가 되기 위해서는 수년간의 수련이 필요하지요. 하지만 잘 생각해보면 회계는 우리 실생활과 매우 밀접합니다. 국어사전에서도 회계를 '나가고 들어오는 돈을 따져서 셈함'이라고 정의하고 있습니다. 돈이 없으면 생활이 불가능하듯 경제활동을 하는 누구라도 회계에서 벗어날 수 없습니다. 이렇듯 우리 삶과 떼려야 뗄 수 없는 회계를 우리는 잘 모르고 있습니다. 더욱이 회계를 어떻게 올바르게 사용할지에 대해서 너무 무관심합니다.

개별 기업의 생산을 합하면 경제 전체의 생산이 되므로 기업의 회계 자료가 거시 경제 지표의 기초라 할 수 있습니다. 기업의 회계 자료를 보고 투자가 이루어지므로 자원의 효율적 배분을 위한 기초 자료가 되며, 회사가 어려운 상황에 이르기 전에 문제의 소재를 알리는 '신호등'의 역할을 하기도 합니다.

회계는 사회적 합의를 통해 발전합니다. 경제사회 구성원들이 불투명한 회계제도를 선택하면, 회계 정보의 왜곡이라는 예정된 결과를 낳습니다. 천신만고 끝에 2017년 회계제도 개혁을 끌어냈지만, 내내 회계에 관한 인식 전환이 중요하다는 생각이 들었습니다. 우리나라는 국제회계기준(IFRS, 기업의 회계처리와 재무제표에 대한 국제적 통일성을 높이기 위해 국제회계기준위원회에서 마련해 공표하는 회계기준)을 조기 도입한 회계 선진국입니다. 그런데도 회계의 중요성에 대한 낮은 인식은 국제 회계 신인도 꼴찌라는 불명예를 안겨줬습니다. 우리는 우리가 생각하는 것보다 훨씬 높은 수준의 회계제도와 인력을 보유하고 있고, 빛나는 역사를 가지고 있습니다. 알려지지 않고 가려져 있을 뿐입니다. 어떻게 하면 우리의 회계 자긍심을 높일 수 있을까요?

혹시 들어본 적이 있을지도 모릅니다. 우리가 놀라운 회계 유산을 갖고 있는 나라라는 사실 말입니다. 이탈리아에 베네치아상인이 있다면 한국에는 개성상인이 있습니다. 더욱 자부심을 가져야 할 것은 고려의 개성상인은 서양보다 200년이나 앞서 복식부기(double-entry bookkeeping)를 사용했다는 사실입니다. 괴테는 '인류가 낳은 가장 위대한 발명의 하나'로 복식부기를 극찬하기도 했습니다. 막스 베버는 복식부기가 서양에만 존재한다고 생각했지만, 사실은 그렇지 않습니다. 개성의 상인들은 세계 최초·최고의 복식부기 장부를 사용했을 뿐만 아니라, 그 속에 합리적인 사고방식과 경제활동을 정직하게 기록했습니다. 개성상인 외에도 우리 역사에는 투명한 회계를 지켜온 유산이 곳곳에 흐르고 있습니다. 회계는 사회적 산물일 뿐 아니라 경제 역사를 발전시키는 동력입니다. 측우기, 금속활자 등 과학기술 못지않게 우리 역사 속에는 눈부신 회계 전통이 있었습니다.

그동안 소홀히 다뤄왔던 회계 역사를 이제 바로 세워야 합니다. 그래서 우리는 개성회계에서 시작해 조선 시대를 거쳐 현재까지 우리나라의 회계 역사를 탐방하기로 했습니다. 이는 우리의 회계 문화유산을 다시 살펴보는 계기가 될뿐더러

회계에 대한 무관심을 깨뜨리는 출발점이 될 것입니다.

이러한 취지에 따라 한국공인회계사회가 회계 역사 분야의 전문가를 저자로 모셨습니다. 일반인은 물론이고 중·고등학생들까지 쉽게 이해할 수 있도록 쓰인 이 책은 '세계 최고 회계 기술을 가졌던 개성상인의 비밀을 찾아 떠나는 여행'이 될 것입니다. 우리나라 역사 속에 실재했던 회계의 역할을 살펴보고, 회계가 국가와 사회의 안정과 지속을 담보하는 중요한 제도임을 알리고자 합니다.

아무쪼록 이 책을 통해 위대한 조상들이 확립한 우리 회계 역사를 바로 알고, 모두가 긍지와 자부심을 가졌으면 좋겠습니다. 이 책의 발간을 위해 노력을 아끼지 않은 모든 분께 감사드립니다.

한국공인회계사회 회장 **최중경**

인턴사원 유민,
대박을 터뜨리다!

"네? 공장에 가서 입·출고 상황을 정리해 제품별 손익계산서를 제출하라고요?"

다들 뭔가 잘못 들은 게 아닌가 하는 표정으로 팀장을 쳐다봤다. 전상인 팀장은 다시 한번 강조해 설명했다.

"그렇습니다. 앞으로 일주일 동안 여러분은 이 과제를 수행해야 합니다. 생산 현장과 제품 창고를 둘러보고 지난 한 달 동안의 생산과 출고, 매출 실적과 이익 등을 분석해 각자 창의적인 손익계산서를 제출해주시기 바랍니다. 양식에는 제한이 없습니다. 필요한 자료는 요구하면 다 제공할 겁니다. 최선을 다하리라 믿습니다. 건투를 빕니다."

다들 안색이 말이 아니었다. 두 손으로 얼굴을 감싼 직원부터 곧 눈물을 터뜨리기라도 할 듯 고개를 절레절레 흔드는 직원까지 각양각색이었다. 여기저기서 한숨이 터져 나왔다.

"예, 알겠습니다!"

그 와중에 우렁찬 대답 소리가 들렸다. 바로 유민이었다. 모두의 시선이 일제히 그녀에게 쏠렸다. 팀장 역시 유민을 한 번 쳐다보더니 알 수 없는 미소를 짓고는 나가버렸다.

"아니, 오늘 처음 출근한 우리한테 이런 일을 시키다니 이게 정말 실화야?"

"여기 회계학과 출신 있어요? 아니면 경영학과나 경제학과는요? 좀 도와주세요."

"오 마이 갓! 저야말로 눈앞이 캄캄합니다. 저는 영문학과를 나왔거든요."

"그나저나 손익계산서? 그게 뭔가요?"

팀장이 사라진 회의실은 그야말로 아수라장이었다.

자신 있게 대답은 했지만 유민도 막막하긴 마찬가지였다. 그녀는 국문학과 출신이다. 어릴 때부터 책 읽고 글 쓰는 걸 좋아했던 그녀는 작가가 되기 위해 국문학과에 입학했다. 틈틈이 시와 소설을 써서 신춘문예에 응모하고, 주요 문예지에서 주최하는 문학상에 투고도 했지만 번번이 낙방이었다. 대학 4년을 그렇게 보냈는데 어느덧 졸업이 다가왔다.

몇 년째 이어지는 경기 침체 속에 대학 졸업자들의 취업난은 극에 달해 있었다. 입맛에 맞는 직장에 들어간다는 건 하늘의 별 따기보다 더 어려운 일이었다. 그것은 사치에 가까웠다. 신문에서만 보던 '취업 절벽'이라는 말이 뼈저리게 실감 났다. 이력서와 자기소개서를 쓰는 일도 진저리가 났다. 수백 번은 족히 썼을 것이다. 이제는 직종과 회사 이름만 들어도 별다른 참고 자료 없이 자기소개서를 줄줄 쓸 수 있을 정도다.

그러다가 최종 합격 통보를 받은 곳이 바로 오로라식품이었다. 재벌 계열사나 대기업은 아니지만 오랜 역사를 가진 탄탄한 회사로, 주력 상품은 라면과 과자였다. 어린 시절 즐겨 먹던 과자 중 하나가 이 회사 제품이었고, 취업 준비한답시고 늦게까지 학교 도서관을 지킬 때 점심 저녁으로 자주 먹던 라면이 이 회사 제품이었다. 입사하면 좋아하는 라면과 과자를 실컷 먹을 수 있을 거라 생각하니 왠지 모를 애사심 같은 게 생기기도 했다.

'인턴이면 어때? 세상에서 나를 처음으로 받아준 회사인데. 이번 과제만 잘 제출하면 인턴 꼬리표를 떼고 당당히 정규직원이 될 수 있을 거야. 인턴 중 절반을 정규직원으로 뽑는다고 했으니까 이번에 1등 하면 정규직원이 될 수 있겠지? 게다가 내가 원하는 홍보팀으로 갈 수 있을지도 몰라. 글을 쓰고 사보를 만들면서 돈도 벌 수 있다면 그야말로 금상첨화 아니겠어?

화성 공장으로 향하는 버스 안에서 유민은 이런 생각을 하며 혼자 키득키득 웃었다.

"그동안 정말 수고 많았습니다. 여러분이 제출한 손익계산서는 관련 부서에서 면밀히 검토 중입니다. 일주일 동안 고생했으니 오늘은 마음 푹 놓고 한잔 마셔볼까요? 회식 자리를 마련했으니 조금 있다가 다시 봅시다."

"와! 진짜 끝났다."

"감사합니다, 팀장님."

환호성이 터졌다. 화성 공장에서 먹고 자면서 오로라식품의 전 제품을 분석하고, 생산 현장을 둘러보고, 창고를 뒤져 재고와 반품 등을 일일이 점검하다 보니 한 주가 훌쩍 지나갔다. 밤마다 손익계산서를 작성하느라 잠이 부족해 틈만 나면 꾸벅꾸벅 조는 동료들이 많았다. 제때 먹고 제때 자면서 일주

일을 보낸 사람은 역시 유민, 그녀뿐이었다.

"자, 다 같이 건배합시다. 오로라식품 인턴사원들을 위하여!"

전상인 팀장이 잔을 들고 일어나 외쳤다.

"우리 모두 정규직원이 되는 그날을 위하여!"

익살맞은 이상우 씨가 재치 있게 맞받았다. 인턴사원 중 최고령자였다. 그의 절박한 심정이 건배사에 고스란히 반영된 셈이다. 불판 위에서 삼겹살이 노릇노릇 익어가고 있었다.

"여보세요? 네…, 네? 뭐라고요? 다시 한번 크게 말씀해주시겠어요?"

"아, 저는 회계관리부 이도양 부장입니다. 인턴사원 유민 씨 맞죠? 내일 아침 출근하면 바로 저한테 와주세요. 중요한 얘기가 있습니다."

회식 도중 걸려온 전화를 받은 유민은 수화기 너머로 들려온 음성에 몹시 당황스러웠다.

"네, 부장님. 그런데 무슨 일 때문에 그러시는지…?"

"와보시면 압니다. 그럼 내일 아침에 회사에서 뵙죠."

회식을 마치고 와서 잠자리에 들기까지 유민은 도대체 무슨 일로 회계관리부장이 자신을 찾는 건지 알 길이 없어 궁금증 반 두려움 반으로 머릿속이 어지러웠다.

　　　　　　　　세계가 놀란 개성회계의 비밀

"오, 유민 씨. 반가워요. 기다리고 있었습니다."

"안녕하세요? 그런데 무슨 일이신지…."

"사장님께서 기다리고 계시니 가십시다. 자세한 건 사장님께서 말씀하실 겁니다."

"네? 사장님께서 저를요?"

평소보다 조금 일찍 출근한 유민은 습관대로 커피 한 잔을 마시자마자 곧장 회계관리부장을 찾아갔다. 그랬더니 부장은 난데없이 자신을 데리고 사장실로 향하는 것이었다.

"사장님, 말씀하신 대로 인턴사원 유민 씨를 데려왔습니다."

"아, 유민 씨. 기다리고 있었습니다. 앉으시죠. 이 부장도 같이 앉아요."

"네, 사장님."

유민은 갑자기 가슴이 쿵쾅거리기 시작했다. 내가 뭘 잘못한 거라도 있나, 조마조마했다.

"오늘 유민 씨를 보자고 한 건 다름이 아니라… 지난번 과제로 제출한 손익계산서 때문입니다. 회계관리부에서 검토 중인 걸 내가 한 부씩 복사해달라고 해서 시간 날 때마다 읽어봤거든요. 그런데."

"무슨 문제라도…."

"아니, 아니에요. 문제가 있는 게 아니라 그 반대예요. 유민 씨의 손익계산서를 보고 정말이지 깜짝 놀랐어요. 이번 인턴 사원 중에는 경영학과나 경제학과 출신도 여럿 있어요. 그런데 학교에서 배운 대로 천편일률적인 보고서를 제출했더군요. 형식은 갖췄지만 남다른 시각을 제시하지 못했고, 오히려 회계를 왜 하는지조차 제대로 이해하지 못하고 있다는 생각이 들었어요. 하기야 이제 갓 대학을 졸업한 사람들에게 그런 과제를 준 것 자체가 무리이긴 했죠. 그렇지만 회사에서는 나름대로 청년다운 신선한 발상이나 창의적인 해법 등을 기대했던 건데…, 조금 실망스러웠어요. 그러던 중에 유민 씨의 손익계산서를 봤어요. 회계의 원리를 제대로 이해하고 있는 데다 수치를 읽어내는 능력이 탁월하더군요. 부록으로 제출한 우리 회사의 회계와 경영에 대한 분석, 그리고 방향 제시까지 정말 놀라운 내용이었어요. 사실 우리 회사가 겉으로 보기에는 큰 문제가 없지만, 속을 들여다보면 뭔가 큰 수술이 필요하다고 느끼고 있었거든요. 그런데 그게 뭔지 감이 잡히질 않아 답답했어요. 유민 씨의 보고서를 보면서 비로소 내가 그 답을 찾은 거예요. 정말 대단해요. 그래서 칭찬해주려고 보자고 한 겁니다."

세계가 놀란 개성회계의 비밀

"과찬이십니다. 그저 열심히 한 것뿐인데…."

유민은 얼굴이 화끈거렸다. 이렇게 기분 좋은 칭찬을 받는 것도 참 오랜만인 것 같다.

"유민 씨는 전공이 국문학이죠?"

"네, 그렇습니다."

"그런데 어떻게 그렇게 회계 지식이 풍부한가요? 보통 실력이 아니던데요?"

"아, 네. 실은… 제가 개성상인의 후손입니다. 조선 시대까지만 해도 저희 집안이 개성에서 큰 시전을 운영했다고 합니다."

"오호, 시전이라면 요샛말로 상설 점포 같은 거죠? 요즘으로 치면 기업이라고도 할 수 있고 말이죠."

옆에 있던 이도양 부장이 거들었다.

"네. 개성상인들은 고려 시대부터 해상무역으로 크게 이름을 떨쳤는데요. 조선 시대에 이르러서는 자신들만의 독특한 경영 방법과 상술을 개발해 전수했어요. '사개송도치부법'이라는 독자적인 복식부기인데, 서양보다 무려 2세기나 앞섰다고 해요. 일제강점기 때 증조할아버지께서 마지막 개성상인으로 활동하셨고, 이후에는 상인으로 일하지는 않았지만 선대로부터 물려받은 개성상인만의 경영 방법과 상술 그리고 회계법을 계속 대물림해왔습니다. 집안 전통이 이렇다 보니 저도 어릴 적부터 오빠와 함께 할아버지, 아버지께 이런 교육을 받았습니다. 개성상인 특유의 경영과 회계 지식을 자연스럽게 익히게 된 거죠. 그래선지 이번 과제가 그다지 낯설지 않았습니다."

유민은 혼자 신이 나서 떠든 게 아닌가 하는 생각이 들어 얼른 마무리를 했다.

"오, 그렇군요. 역시 뭔가 다르다 했더니 그런 사연이 있었네요. 하하하."

이도양 부장과 오신용 사장은 신기하다는 듯 연신 감탄사를 쏟아냈다.

"대단히 흥미롭습니다. 나도 유민 씨 집안에 대물림해온 개성상인만의 노하우를 제대로 한번 배워보고 싶은데…, 혹시 가르쳐줄 수 있나요? 좀 무리한 부탁인 줄은 알지만 꼭 배우고 싶군요."

"물론입니다. 사장님께서 원하신다면 가르쳐드리겠습니다."

"아니, 아니지. 그럴 게 아니라…, 이도양 부장?"

"네, 사장님."

"유민 씨를 강사로 모시고, 우리 회사 전 직원을 대상으로 특강을 실시하는 게 어떤가요?"

"그것도 좋을 것 같습니다. 한번 기획해보겠습니다."

"공장 직원이나 영업사원, 출장 중인 직원들을 제외하고 본사에서 참석 가능한 전 직원을 대상으로 말이죠. 개성상인 고유의 뭐라고 했나, 그 사개…."

"사개송도치부법입니다."

"아, 사개송도치부법. 나도 교육생으로 참석할 테니까 이른 시일 내에 사내 특강 계획을 세워서 공지하도록 하세요. 유민 씨, 괜찮죠?"

"네, 괜찮습니다."

"알겠습니다, 사장님. 당장 실시하겠습니다."

사장실을 나서는 유민의 가슴은 다시 쿵쾅거리기 시작했다. 아직 정식 직원도 아닌 인턴사원 신분으로 전 직원들 앞에서 특강을 하다니. 과연 잘할 수 있을까, 유민은 갑자기 눈앞이 캄캄해지고 정신마저 몽롱해지는 듯했다.

이탈리아 베네치아상인과
한국 개성상인

1강

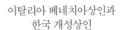

이탈리아 베네치아상인과
한국 개성상인

직원들로 꽉 들어찬 강당은 여기저기 웅성거리는 소리로 몹시 소란스러웠다.

"아니, 이게 뭐야? 인턴사원이 강의를 한다고? 그것도 한 달씩이나?"

"국문학과 출신이 뭘 안다고 회사 일에 잔뼈가 굵은 우리에게 강의를 한다는 거야?"

"기가 막혀 말이 안 나오는군…. 무슨 말을 하는지 어디 한 번 들어나 보자고."

자리마다 놓여 있는 강의 자료를 펄럭거리며 불평들이 대단했다. 그러다가 한순간 쥐 죽은 듯 고요해졌다. 앞문으로 오신용 사장과 이도양 부장 그리고 유민이 입장했기 때문이다. 두 사람은 맨 앞줄의 비어 있는 자리로 가 앉았고, 이도양 부장은 강단으로 향했다.

"오로라식품 가족 여러분, 반갑습니다. 회계관리부 이도양 부장입니다. 오늘부터 매주 수요일 아침 9시부터 11시까지 두 시간 동안 총 4회에 걸쳐 특강이 이어지겠습니다. 강사는 이번에 인턴으로 입사한 유민 씨입니다. 유민 씨는 유서 깊은 개성상인 집안의 후손으로서 대대로 전해오는 개성상인만의 고유한 경영 철학과 상술 그리고 회계법을 전수받은 인재입니다. 이번에 인턴사원들을 대상으로 실시한 과제에서도 탁월한 회계 실력과 경영 분석 능력을 보여줬습니다. 그래서 사장님께서 전 직원 대상의 특강을 특별히 지시하셨습니다. 국내 어느 대학이나 기관에서도 들을 수 없는 각별하고 이색적인 시간이 될 것으로 기대합니다. 자, 강사 유민 씨를 소개하겠습니다. 뜨거운 박수 부탁드립니다."

유민은 강단으로 뚜벅뚜벅 걸어 나갔다. 박수는 뜨겁다기보다는 미적지근한 한여름 소낙비 같았다. 하지만 상관없었다. 뜨거운 박수는 최후의 순간에 받으면 될 일이다.

"안녕하십니까? 여러 선배님과 상사님들, 반갑습니다. 유민이라고 합니다."

깊은 정적이 흘렀다. 이때 갑자기 뒤쪽에서 굵직한 외침이 터져 나왔다.

"유턴, 파이팅!"

유턴은 유민의 애칭이었다. 동료들이 '인턴사원 유민'을 줄여서 그렇게 불러준 것이다. 그녀에게 응원의 메시지를 보내준 사람은 직속 상사인 전상인 팀장이었다.

"감사합니다. 힘이 되네요. 그럼 곧바로 시작하겠습니다."

유민은 리모컨을 눌러 강당 전면에 설치된 커다란 스크린에 자료 화면 첫 페이지를 띄웠다.

돈은 좋은데 회계는 싫다?

"여러분, 돈 좋아하십니까?"

도발적인 질문에 강당 안이 다시 한번 술렁였다.

"당연히 좋지요."

뒤쪽에서 누군가가 장난기 어린 말투로 대답했다.

세계가 놀란 개성회계의 비밀

"네, 좋아하실 겁니다. 저도 좋아합니다. 아마도 세상에 돈 싫어하는 사람은 없지 않을까요? 산중에서 도를 닦는 수도사들이나 스님들도 돈을 필요로 한다는 측면에서 우리와 별다를 바 없다고 생각합니다. 코흘리개 아이들도 맛있는 아이스크림이나 과자를 사 먹기 위해서는 돈이 필요하다는 사실을 압니다. 노동자는 열심히 일한 대가로 봉급을 받아 가족을 건사하면서 생활하고, 기업은 시장에 맞는 제품을 만들어 팔아 매출을 올림으로써 성장하고 사회에 기여합니다. 그리고 국가는 가계와 기업의 생산 활동으로 축적된 부를 적절히 분배하고 관리하면서 국력을 키웁니다. 만약 돈이 없다면, 돈을 벌지 않는다면, 돈이 제대로 돌지 않는다면 가계도 기업도 국가도 제 역할이나 기능을 할 수 없습니다. 그래서 사람이 있는 곳에는 돈이 필요하고, 모든 사람은 돈을 좋아할 수밖에 없는 겁니다."

이어서 스크린에 두 번째 자료 화면이 등장했다.

회계

"다들 돈을 좋아한다고 하셨는데, 그럼 회계는 어떻습니까? 좋아하십니까?"

"너무 어렵고 복잡해서 원….."

앞쪽에 앉은 머리가 희끗희끗한 직원이 머리를 절레절레 흔들며 대답했다. 간부 직원인 듯했다.

"네, 돈은 좋지만 회계는 너무 어렵고 복잡해서 싫다고 하시네요. 다들 그러십니까?"

큰 소리는 아니지만 여기저기서 그렇다는 대답이 튀어나왔다.

"많은 분이 회계가 어렵고 복잡하다고 생각하시는 것 같네요. 그건 회계를 제대로 이해하지 못해서 그런 겁니다. 그렇다면 회계가 뭘까요?"

강당 안은 적막에 휩싸였다.

"회계란 경제 정보의 흐름, 특히 우리가 그토록 좋아하는 돈의 흐름을 숫자로 표시하는 겁니다. 개성상인들은 구두 약속까지 현금흐름으로 인식하고 회계처리하여 그 기록을 유음장으로 남겨놓았습니다."

유민은 리모컨을 눌러 유음장의 한자를 보여주었다.

유음장(流音帳)

"보시는 것처럼 '흐를 류'와 '소리 음'을 쓰는데, 소리흐름장부라니 참 흥미롭지 않습니까? 예를 들어 오늘날 우리가 매일 주고받는 핸드폰의 문자로 거래를 약속했다면 개성상인들은 그 약속마저도 경제 거래로 인식하고 회계처리한 것이지요. 각 가정이 수입과 지출을 정리하면 가계회계가 되는 것이고, 기업이 매출과 비용을 일정한 양식으로 셈하면 기업회계가 되는 것이며, 정부가 예산과 결산을 주어진 방법대로 기록하면 국가회계가 되는 겁니다. 가계부를 쓰지 않고 주먹구구식으로 살면 가정경제가 어려워지듯, 회사 역시 회계를 알지 못하고 경험이나 감에 의지해 운영하면 이익을 내면서 성장하기가 어려워지죠."

맨 앞자리에 앉은 오신영 사장이 고개를 크게 끄덕였다. 현재 회사 상황과 대비해보는 듯했다.

"회계란 가계나 기업이나 국가의 경제활동을 한눈에 볼 수 있게 해주는 수치화된 지표를 가리킵니다. 우리는 정제된 말과 정제된 글을 가지고 자신의 정확한 의사를 표시할 수 있지 않습니까? 흔히 회계를 기업의 언어라고 하지만 오늘날에는 국가 행정이나 교회 같은 종교단체, 심지어 아파트 관리도 모두 복식부기 원리대로 회계처리하고 소통하는 세상이 됐습니다. 학자들은 학술 논문으로 국회의원은 입법 사항으로 자신들의 정제된 의사를 표시하듯이, 오늘날 전 세계 모든 상장기업은 이 정제된 언어인 회계로 의사를 소통합니다. 회계를 통해 돈의 흐름을 정확히 들여다볼 수 있기 때문에 경제활동을 하는 사람이라면 누구나 회계 언어를 익혀야 합니다. 절대 어렵고 복잡한 게 아닙니다. 돈을 좋아하고, 돈 버는 일에 종사한다면 누구나 회계를 좋아할 수 있어야 합니다."

"그래도 가까이하기엔 너무 먼 당신이라서…."

누군가가 중얼거리는 소리에 강당 안에는 잠시 웃음이 번졌다.

돈이 들어오고 나가는 곳에 계산이 있다

—

"소득이 있는 곳에 세금이 있다, 이 말 많이 들어보셨죠? 가장 기본적인 조세 원칙입니다. 이 원칙이 제대로 실행돼야 조세 정의가 가능해집니다. 마찬가지로 돈이 들어오고 나가는 곳에 계산이 있다, 이것이 회계 원칙입니다. 현금 계산에서 구두 약속까지 모두 회계입니다. 가계보다는 기업이, 작은 기업보다는 큰 기업이, 기업보다는 국가의 돈 계산과 신용 거래 규모가 더 크기 때문에 계산 방법이나 약속에 대한 회계처리가 복잡하게 보이는 것뿐입니다. 이렇게 생각하니 회계가 훨씬 친근하게 느껴지시죠?"

아직은 그렇지 않은 모양이었다. 유민의 열성에 비해 청강자 대다수는 여전히 무료한 표정이었다.

"회계가 두렵게 느껴지는 또 하나의 이유는 회계 용어가 전부 한자로 돼 있기 때문입니다. 하지만 그 뜻을 알면 이 역시 쉽게 극복할 수 있습니다. 억 단위를 넘어 조 단위까지 계산해야 하는 기업회계에서 누구나 알아들을 수 있고, 혼동 없이 의사를 전달하기 위해서는 뜻이 분명한 공통의 용어를 사용해야만 합니다. 회계 용어는 그렇게 해서 만들어진 겁니다. 가령 어떤 회사의 재무제표를 검토한다고 해볼까요?"

스크린에 재무제표의 한자가 띄워졌다.

재무제표(財務諸表)

"한자로는 이렇게 씁니다. 언뜻 어려워 보이지만 뜻을 풀어보면 아주 간단합니다. 알다시피 '재무'란 '돈살림'을 말하죠? '제표'란 '여러 표'라는 뜻입니다. 그러니까 '돈과 재산

의 흐름을 여러 가지 표로 요약해 나타낸 것'이 바로 재무제
표라는 얘기입니다. 물론 아무렇게나 하는 것이 아니라 일정
한 형식과 순서에 따라 숫자와 회계 용어를 사용해 정리하죠.
영어로는 결산, 즉 깨끗하게 끝내다(finish)라는 의미로 '파이낸
셜 스테이트먼트(Financial Statements)'라고 합니다. 훨씬 뜻이 분
명하죠? 얼마나 간단하고 쉽습니까?"

사람들은 화면에 띄워진 한자를 유심히 보고 있었다. 그냥
습관적으로 부르던 '재무제표'라는 이름이 '돈의 흐름을 나
타내는 여러 가지 표'라는 뜻이라니, 생각보다 단순해서 놀랐
다는 표정도 보인다.

"재무제표를 작성해서 외부에 기업활동 내용을 알리는 것
을 재무회계라고 합니다. 기업에서 하는 회계는 대부분 재무
회계입니다. 재무회계가 아닌 것도 있냐고요? 그렇습니다. 외
부에 공개하지 않고 경영자가 경영 의사결정에 참고하기 위
해 회계 정보를 작성하는 경우가 있습니다. 그런 회계를 내부
통제 혹은 관리회계라고 부릅니다. 그러니까 기업회계는 재
무회계와 관리회계로 구분됩니다. 재무회계는 회사 밖의 외
부 투자자에게 공개하는 까닭에 원칙에 따라서 정확하게 작
성해야 합니다. 법적인 규제도 많습니다. 하지만 관리회계는

회사 안에서 쓰이는 것이므로 자기 자신과의 대화라고 이해하시면 됩니다. 외부의 규제를 받지는 않지만, 진실해야 하겠죠? 외부 사람은 다 속여도 자기 자신을 속일 순 없으니까요. 이러한 이유로 관리회계를 흔히 내부통제시스템이라고도 합니다. '진리가 너희를 자유케 하리라' 라는 문구가 있죠? 관리회계의 원리가 바로 이것입니다. 얼마든지 자유롭게 작성할 수 있지만, 자기 자신을 속이면 자신이 붕괴되듯이 관리회계에서 진실성의 원칙을 어기면 회사는 내부에서 망하게 됩니다. 큰 틀에서 보면 모든 회계는 내부건 외부건 진실하다는 단순한 의미를 가지고 있습니다. 다만 한자로 돼 있기 때문에 까다롭게 보이는 것입니다."

강당 안에는 대부분 직원이 모여 있는데 직급이 높을수록 한자에 익숙한 세대다. 그동안 자기 업무에만 몰두하느라 회계 쪽엔 크게 관심을 두지 않았고 그래서 막연히 어렵다고만 생각했는데, 한 자씩 뜯어보면 의외로 단순하다는 유민의 말에 동의하는 듯했다.

유민은 스크린의 페이지를 넘겼다.

회계는 언제부터 시작됐을까?

"그렇다면 회계는 언제부터 시작됐을까요?"

유민의 질문에 뒤쪽에서 누군가가 답했다.

"화폐라는 게 생겨나면서부터가 아닐까요? 돈의 흐름을 기록하는 거니까요."

그 말에 또 다른 사람이 대꾸했다.

"화폐가 없을 때도 회계가 필요했을 것 같은데요? 물건을 사고파는 일은 더 오래전부터 있지 않았나요?"

"네, 좋은 말씀들 해주셨습니다. 여러분, 두 분께 박수 한번 주시겠어요?"

청강자들의 참여를 끌어내기 위해 유민은 적극적으로 대답해준 두 사람을 한껏 치켜세웠다. 두 사람은 머쓱한 표정을 지었지만 싫지는 않은 기색이었다. 한차례의 박수로 분위기가 조금 풀리는 듯했다.

"여러분, 학교에서 화폐의 정의를 배운 적 있으시지요? 교환 수단, 가치 저장 수단, 가치 척도, 회계 수단 등의 말도 들어보셨을 거예요."

유민은 사람들이 잘 따라올 수 있도록 속도를 조절해가면서 설명했다.

"화폐와 회계는 불가분의 관계를 지닙니다. 그리고 다들 아

세계가 놀란 개성회계의 비밀

시는 것처럼 아주 오랜 옛날에도 물품 화폐라는 것이 존재했습니다. 조개껍데기나 소금, 모피, 가축, 곡물 등을 화폐로 사용했지요. 이후 금·은·동 같은 소중한 광물들이 물품 화폐 자리를 대신했고, 본격적으로 회계단위로서의 계산 화폐가 만들어지기 시작합니다. 서양에서는 기원전 7세기 그리스에서, 동양에서는 중국 고대국가인 은나라와 주나라 시대에 화폐가 만들어졌다고 합니다. 우리나라에서는 고려 시대인 서기 996년 성종 15년에 철전이 만들어져 유통됐습니다. 화폐의 등장으로 회계는 더욱 발달하게 됩니다. 그래서 부기가 생겨난 것입니다. 부기 아시죠? 부기가 뭘까요?"

"장부에 기록하는 것이요."

중간쯤에 앉은 젊은 직원 한 명이 자신 있게 대답했다.

"네, 맞습니다. 정확히 알고 계시네요."

유민이 리모컨을 누르자 다음 글자가 스크린에 나타났다.

부기(簿記)란 무엇인가?

"아까 회계는 돈 계산이라고 말씀드렸지요? 그런데 머릿속으로만 계산하면 금방 잊어버리기 마련이고, 다른 사람에게

정확히 전달하기도 어렵습니다. 그래서 누구나 알 수 있게 정확히 기록하는 게 중요합니다. 돈 계산을 기록하는 것, 그것이 부기입니다. '장부 부'에 '기록할 기'를 써요. 엄청난 말처럼 보이지만, 글자 그대로 '장부에 기록하는 것'이란 뜻입니다. 주부가 가계부를 기록하는 것도 부기이고, 회사가 매출과 매입에 관한 장부를 정리하는 것도 부기입니다."

"전부 한자로 되어 있어서 어렵게 느껴졌던 거네요."

앞쪽에서 한 사람이 말했다.

"그런 측면이 있습니다. 그런데 한 번만 제대로 이해하면 되니까 너무 어려워하지 않으셔도 됩니다. 이야길 이어가 볼까요?

부기가 발달하려면 몇 가지 조건이 갖춰져야 합니다. 화폐는 물론이고 문자와 종이, 펜과 같은 쓰기 도구가 그것입니다. 요즘에는 컴퓨터가 종이를 대신하고 있지요. 화폐라는 분명한 가치 척도를 지닌 교환 수단이 있어야 하고, 계산한 것을 표시할 수 있는 숫자나 문자가 있어야 하며, 장부 역할을 할 기록 수단인 종이, 그리고 펜이 있어야 합니다. 그래서 화폐가 등장한 이후에도 부기가 생겨나기까지는 한참의 세월이 더 지나야 했던 겁니다. 종이를 중국의 채륜이라는 사람이 발명했다는 사실, 다 알고 계시죠? 그때가 서기 105년 후한 시대였어요. 그 전까지는 본격적인 부기가 이루어지기 어려웠습니다. 종이가 근동 지방을 거쳐 이집트에 보급되고, 다시 지중해를 건너 유럽에 전해진 것이 11세기입니다. 아라비아 숫자는 1202년 이탈리아 수학자 레오나르도 피사노가 유럽에 처음 소개했고요. 이 모든 조건이 갖추어진 13세기 이후에 서양에서 부기가 제대로 이루어지기 시작했어요.

다시 정리하자면, 종이에 돈의 흐름을 집계하고 기록하는 것이 곧 부기입니다. 돈 계산을 아무리 잘해도 기록을 하지 않으면, 누구도 필요할 때 이를 들여다볼 수 없기 때문입니다. 현대 사회에서 회계와 부기는 구분하기도 어렵고, 구분할 필요도 없습니다. 모든 돈의 흐름이 정확히 기록되어야 하기 때문입니다. 기업회계는 모두 기업 부기이므로 회계를 이해하려면 부기를 이해해야 합니다."

유민의 낭랑한 목소리가 강당에 울려 퍼졌다. 삼삼오오 모여 웅성거리며 떨떠름한 표정으로 일관하던 사람들도 반응이 조금씩 바뀌고 있었다. 유민의 말을 업무 수첩에 받아 적는 사람도 간간이 보였고, 강의 내용을 되새기듯 곰곰이 생각에 잠긴 사람도 있었다.

'청렴학'이자 '청소학'

—

"돈의 흐름을 계산해서 장부에 기록하는 것이 부기라고 말씀드렸죠? 부기에는 두 종류가 있습니다. 단식부기와 복식부기입니다. 단식부기란 정해진 틀이나 원칙 없이 돈의 흐름을 단순히 나열해서 기록한 것입니다. 기록하는 사람이 편리한 대로 방식을 정해 기입한 장부지요. 작은 가게의 금전출납부나 아이들의 용돈 기입장 등을 생각하시면 됩니다. 이에 반해 복식부기는 일관된 원리와 정제된 표현을 사용해야 하며 자산과 부채와 자본의 변동, 비용과 수익의 발생 원인 등을 상세히 집계하게 돼 있습니다. 우리가 공부할 것이 바로 이 복식부기입니다."

유민은 또 한 번 화면을 넘겼다.

복식부기의 탄생

"복식부기를 '계정의 학문'이라고도 하는데요. 자산, 부채, 자본, 비용, 수익이 모두 양면계정이라는 집계 장소에 차변과 대변으로 분류돼 기록되고 계산되기 때문입니다. 양면계정의

왼쪽을 차변(借邊)이라 하고 오른쪽을 대변(貸邊)이라고 해요. 그래서 예전에는 이렇게 정리한 표를 '대차대조표'라고 불렀어요. 그런데 2011년에 상법이 개정되면서 '재무상태표'라는 이름으로 바뀌었습니다.

다시 본론으로 돌아가서, '차변'은 '빌린 돈을 적는 자리'라는 뜻이고 '대변'은 '빌려준 돈을 적는 자리'라는 뜻입니다. 그러니까 차변에는 자산의 증가, 부채 또는 자본의 감소, 손실의 발생 따위를 기입하고, 대변에는 그 반대 사항을 기입합니다. 즉 자산의 감소, 부채 또는 자본의 증가, 이익의 발생 등이죠. 처음 복식부기가 탄생했을 때는 회사의 입장보다 외부 이해관계자의 입장이 더 중요했습니다. 그래서 이들 입장에서 차변과 대변을 구분해 장부 기입의 체계를 잡았습니다. 그러다 보니 오늘날 회사 입장에서 보면 차변에 기입하는 내용과 대변에 기입하는 내용이 원래 용어의 의미와는 다소 동떨어진 게 많습니다."

유민은 사람들의 표정을 살피며 강의를 이어갔다.

"자산, 부채, 자본, 비용, 수익 같은 단어가 등장하니까 좀 긴장되시죠? 간단히 생각하시면 됩니다. 하나씩 쉽게 설명해 보겠습니다.

먼저, 자산이란 개인이나 법인이 소유하고 있는 재산적 가치가 있는 것을 가리킵니다. 유형자산과 무형자산 모두 포함됩니다. 재산 가치가 있는 건 다 들어가는 거죠.

둘째, 부채는 말 그대로 갚아야 할 돈, 즉 빚을 말합니다. 전문적으로 이야기하자면 채권자가 개인 또는 회사에 대해서 갖는 청구권 또는 권리를 화폐액으로 표시한 것입니다. 타인 자본이라고도 합니다. 다른 사람의 돈을 가져다가 쓰는 거니까 언젠가는 갚아야 하는 자본이라는 뜻입니다.

셋째, 자본은 워낙 광범위해서 어떤 시각에서 보느냐에 따라 의미가 조금씩 달라집니다. 하지만 일반적으로는 재화와 용역을 생산하거나 효용을 높이는 데 드는 가치 있는 밑천을 가리킵니다. 회계 계정으로 보면 자산에서 부채를 제외한 잔액을 자본으로 볼 수 있습니다.

넷째, 비용이란 어떤 일을 하는 데 들어간 돈, 즉 쓴 돈을 말합니다. 기업에서 수익을 얻기 위해 생산 활동에 소비한 재화 또는 용역, 그러니까 원료비, 기계설비비, 빌린 자본의 이자 따위를 통틀어 이르는 용어예요. 수익은 기업이 경제활동의 대가로 얻은 경제 가치를 말하고요. 기업이 거래처나 고객에게 제공하는 재화 및 서비스의 대가로 얻게 되는 금전적 이익을 뜻하죠. 수익을 매출액과 같은 뜻으로 쓰기도 하지만, 업종이나 기업에 따라 영업외수익이라는 것도 존재할 수 있기 때문에 양자가 일치하지는 않습니다."

"강사님, 질문 있습니다!"

한 직원이 손을 번쩍 들고 외쳤다.

"수익과 이익이 상당히 헷갈리는데요. 같은 말인가요?"

"보통 이야기할 때 둘을 크게 구분하지 않고 사용하곤 하지요? 그런데 이익은 '수익에서 비용을 공제한 잔액'을 의미하므로 둘이 똑같지는 않습니다. 특히 회계에서는 엄밀히 구분되고요."

질문자가 고개를 끄덕이자 유민은 강당을 한번 둘러보았다.

"질문이 있으시면 언제라도 이렇게 말씀해주시기 바랍니다. 기본 개념을 설명하다 보니 조금 딱딱해진 것 같군요. 많이 어려우신가요?"

"아뇨, 괜찮습니다. 재미있습니다."

부기에 대해 자신 있게 대답했던 젊은 직원이 큰 소리로 응원해줬다.

"감사합니다. 복식부기가 얼마나 중요하냐면…. 베를린대학교 교수를 지낸 독일 경제학자 베르너 좀바르트는 이렇게 말했습니다. '복식부기 없는 자본주의는 상상도 할 수 없다. 이 두 가지 현상은 마치 형식과 내용처럼 긴밀하게 연결돼 있다.' 자본주의와 복식부기를 동일 선상에 놓은 겁니다. 단식부기가 기록에만 그쳤다면, 복식부기는 회계의 수준을 획기적으로 끌어올렸습니다. 자산과 자본의 증감, 그리고 그 변화 과정과 결과까지 대변과 차변으로 나눠 이중으로 기록하고 계산하게 돼 있으니까요. 하나의 거래를 대변과 차변 양쪽에 동시에 기입함으로써 대·차변의 합계가 일치되는 대차평균의 원리가 성립된 것입니다. 대차평균의 원리란 차변의 합계(자산 금액)가 대변의 합계(부채와 자본을 합한 금액)와 일치되는 것을 말합니다. 이 원리에 의해 복식부기는 자기통제기능 또는 자동검증기능을 수행할 수 있는 거죠. 복식부기는 이익과 손실을 계산하는 필수적 도구이며, 회계의 근간이기도 합니다. 복식부기가 없었다면 자본주의나 근대국가의 출현도 없었을지 모릅니다. 그래서 베르너 좀바르트가 복식부기 없는 자본주의는 상상도 할 수 없다고 말했던 겁니다. 즉, 회계가 그만큼 중요하다고 말할 수 있죠."

"강사님, 회계를 영어로는 뭐라고 하나요?"

"아무리 회계가 싫어도 그건 알죠. 어카운팅!"

한쪽에서 질문이, 한쪽에서 대답이 나왔다. 청강자들이 활기를 띠어가자 유민도 절로 힘이 났다.

"네, 잘 알고 계시는군요. 영어로 '어카운팅(accounting)'이라고 합니다. '책임'이나 '의무'를 뜻하는 '어카운터빌리티(accountability)'라는 단어가 있지요? 그리고 '어빌리티(ability)'는 '뭔가를 할 수 있는 능력'을 의미하고요. 그러니까 '회계처리를 할 수 있는 능력'을 '책임이나 의무'와 동일시한 거죠."

"아, 그런 뜻이 있는 줄은 몰랐네요. 재미있군요."

방금 전 대답을 했던 직원이 말했다.

"그렇죠? 그런데 한편으로는 조금 숙연해지기도 합니다. 예나 지금이나 돈이 있는 곳에는 부정과 부패가 있었습니다. 그래서 돈을 다루는 사람, 즉 회계처리를 하는 사람에게 가장 중요한 덕목으로 '정직하게 자신의 책임과 의무를 다하는 것'을 꼽았던 거예요. 그러다 보니 '회계처리를 할 수 있는 능력'이 곧 '책임 또는 의무'와 같은 말이 된 거고요.

복식부기가 탄생하기 이전에는 회계가 주먹구구식이었을 뿐 아니라 부정과 부패가 심했습니다. 주먹구구식이었다는 건 정확하지도, 정직하지도 않았다는 뜻이에요. 부기가 단순했기에 장부를 조작하기도 쉬웠습니다. 절대 권력을 가진 왕들과 독점적 지위를 누리던 부유한 상인들은 자신들의 부를 유지하고자 모든 수단을 동원했죠. 당연하게도, 자신들의 치부가 드러날까 봐 누구나 들여다볼 수 있는 정확하고 정직한 회계장부를 만들려 하지 않았습니다. 그러나 복식부기의 탄생으로 더는 그렇게 할 수가 없게 됐습니다. 복식부기를 사용하면 돈의 모든 흐름이 차변과 대변의 세밀한 계정에 기록돼야 하며, 대차평균의 원리에 의해 차변과 대변의 금액이 일치해야 하기 때문입니다.

물론 복식부기 탄생 이후에도 회계 부정이나 부패가 얼마든지 가능했고, 실제로도 발생했어요. 하지만 기본적으로 복식부기의 원리와 원칙에 따라 책임과 의무를 다하여 정직하게 회계 관리를 하면, 부정과 부패는 발을 붙일 수 없게 된다는 말입니다. 복식부기가 생겨난 이래 회계를 정확하고 정직하게 기록하며 책임감 있게 운영한 국가나 기업은 번영과 풍요를 누렸습니다. 하지만 반대로 회계를 무시하고 날조하며 부도덕하게 운영한 국가나 기업은 결국 망한 경우가 태반입니다. 이것이 역사가 주는 교훈입니다.

따라서 회계를 다루는 학문인 회계학은 복식부기의 원리와 원칙에 따라 가장 정확하고 정직하게 돈의 흐름을 계산하고

세계가 놀란 개성회계의 비밀

기록함으로써 기업과 국가가 번영과 풍요를 향해 나아갈 수 있도록 만들어주는 '청렴의 학문'이라고 할 수 있습니다. 또한, 어지럽게 널려 있는 경제활동에서 파생된 온갖 결과를 질서정연하고 일목요연하게 정리해주는 '청소의 학문'이라고도 할 수 있어요. 회계학은 청렴학이자 청소학이다, 재미있지 않습니까?"

"그거 말 되네요!"

여기저기서 크고 작은 웃음소리가 들렸다.

세계를 무대로 활약했던 개성상인

—

"복식부기가 발달함으로써 기업활동이 활발해졌고, 자본주의와 근대국가가 출현하게 됐다는 것은 과장이 아니라 사실입니다. 자본주의는 자본이 지배하는 경제체제입니다. 자본, 즉 '캐피털(capital)'을 개성상인은 '본전(本錢)', 순우리말로 '밑천'으로 불렀습니다. '본전, 밑천'의 흐름을 계산하는 것이 회계이고, 회계는 곧 복식부기라고 말씀드렸지요? 그러므로 '자본주의 = 회계 = 복식부기'라는 등식이 성립합니다. 우리가 자본주의 세상에 살고 있는 한, 회계와 복식부기를 반드시 알아야만 하는 이유입니다."

유민은 물을 한 모금 마시고 목청을 가다듬은 뒤 다음 화제를 꺼냈다.

"서양에서 복식부기가 처음 탄생한 곳은 어디일까요?"

저마다 그럴법해 보이는 나라 이름을 댔다.

"네? 어디라고요? 미국? 독일? 영국? 정답은 이탈리아입니다."

이탈리아의 베네치아상인

"오!! 이탈리아라니…."

의외라고 느끼는 사람이 많은 듯했다.

"12세기로 접어들면서 이탈리아 북부는 유럽에서 가장 부유하고 인구가 많은 지역이 됐습니다. 피렌체, 제노바, 베네치아 같은 상업이 발달한 도시들이 공화정의 주도권을 잡았기 때문입니다. 무역을 통해 막대한 부를 축적한 상인 귀족들이 다스리는 이 풍요로운 도시국가는 대단히 매력적이었습니다. 게다가 지정학적 위치도 대단히 좋았습니다. 서양과 동양이 만나 교류하기에 안성맞춤이었어요. 오랜 십자군 전쟁도 한몫했습니다. 전쟁은 수많은 인력과 물자의 이동을 유발했고, 자연히 돈과 물자와 사람들이 이 지역으로 모여들었습니다. 기업이 들어서고, 은행이 생겨나고, 무역이 활발해졌어요. 이런 환경에서 복식부기가 탄생하게 된 겁니다.

복식부기를 누가 발명했는지는 정확히 알 수 없습니다. 어느 한 사람이 발명했다기보다는 오랜 시간 필요에 의해서 지속적으로 수정하고 보완하여 완성했다고 보는 게 맞을 겁니다. 리니에리 피니 형제의 회사나 파롤피의 회사 거래원장이 최초의 복식부기로 인정되고 있는데요, 모두 13세기부터 14세기에 걸쳐 작성된 투스카니 상인들의 장부입니다. 복식부기의 원리에 따라 거래 내역이 대변과 차변으로 나뉘어 기록돼 있습니다."

유민이 강당을 둘러보며 질문했다.

"이탈리아 관광지 베네치아는 물의 도시로 유명하죠. 혹시 다녀오신 분 있나요?"

잠시 쭈뼛거리는가 싶더니 이내 하나둘 손을 들었다. 얼추 열댓 명은 되어 보였다.

"와, 상당히 많으시네요. 아쉽게도 저는 아직 못 가봤습니다. 책이나 인터넷을 통해 봐도 너무나 아름다운 도시더군요. 118개의 섬과 150개의 운하와 378개의 다리가 있는 물의 도시입니다. 베네치아는 십자군 원정에 힘입어 동방 무역을 확대하고, 나아가 동부 지중해 지역으로 영토를 확대함으로써 14~15세기 초에 해상무역 공화국으로서 최고의 전성기를 맞이합니다. 이렇듯 베네치아가 이탈리아 북부 도시국가 중에서도 단연 두각을 나타낸 것은 상술에 밝을 뿐 아니라 복식부기를 체계화한 뛰어난 상인들이 있었기 때문입니다. 이들을 베네치아상인이라고 부르며, 이들이 발달시킨 이중 기입을 바탕으로 한 부기, 즉 복식부기를 '베네치아식 부기'라고 일컫습니다."

"베네치아의 상인이 그래서 유명한 거군요."

"그렇죠. 셰익스피어의 대표작 중에 《베니스의 상인》이란 작품이 있는데, 베니스는 베네치아를 영어식으로 부르는 말이죠. 베네치아의 상인 안토니오와 친구 바사니오, 그리고 바사니오의 연인 포샤가 주인공인데, 고리대금업자 샤일록이 등장해 참 희한한 차용증서를 요구하죠. 돈을 못 갚으면 심장에 가장 가까운 부위의 살 1파운드를 제공한다는 내용으로요. 포샤의 지혜로 안토니오가 구사일생으로 살아남고 샤일록이

세계가 놀란 개성회계의 비밀

쫄딱 망한다는 줄거리죠. 세계적인 문학작품을 이렇게 가벼이 소개해서 죄송하긴 합니다만, 이 작품의 배경이 된 곳이 바로 르네상스 시대 유럽에서 가장 부유했던 도시 베네치아입니다. 당시 유럽에서 베네치아상인이 얼마나 잘 알려져 있었으면 셰익스피어가 이런 제목의 작품을 다 썼겠습니까?"

"문학이 갑자기 현실로 훅 들어오네요."

누군가의 얘기에 한바탕 웃음이 터졌다.

"그렇죠? 문학도 현실과 완전히 동떨어진 영역이 아니니까요. 다시 본론으로 돌아가서, 복식부기를 작성하던 초기에 베네치아상인들은 차변과 대변을 각각 '퍼(Per)'와 '에이(A)'로 표시했다고 합니다. 그러다가 이를 좀더 편하게 부르기 위해 사람을 가리키는 것처럼 '차인(借人, Debtor)'과 '대인(貸人, Creditor)'으로 바꿨습니다. 이것이 세월이 흘러 나중에는 '차변(Debit)'과 '대변(Credit)'으로 자리를 잡은 것입니다."

이제 본격적으로 개성상인이 등장할 차례다. 자기도 모르게 유민은 가슴이 벅차올랐다.

한국의 개성상인

"우리나라도 이탈리아 베네치아처럼 해상무역으로 엄청난 부를 축적하면서 세계적으로 널리 이름을 떨치던 시대가 있었습니다. 그때가 언제일까요?"

"고려 시대죠. 제가 고려대학교를 나와서 잘 압니다."

앞자리에 앉아 조용히 경청하던 중년 직원 한 명이 대답했다. 중후한 목소리에 비해 덧붙인 인과관계가 너무나 생뚱맞았기에 순간 좌중에 폭소가 터졌다. 한바탕 웃고 나자 표정들이 한결 밝아졌다.

"네, 맞습니다. 고려 시대입니다. 고려는 후삼국을 통일한 왕건이 918년에 세운 나라죠. 고려를 창건한 왕건은 송악, 그러니까 지금의 개성 출신 호족이었습니다. 무역을 통해 막대한 부를 쌓은 왕건의 가문은 송악 일대를 중심으로 예성강에서 강화도에 이르는 넓은 지역에 튼튼한 세력 기반을 구축하고 있었습니다. 개성의 옛 이름이 개경인데요, 왕건은 개경을 수도로 삼아 광범위한 해상무역을 전개했습니다. 개경은 가까운 항구 도시인 벽란도와 함께 점차 국제적인 상업도시로 이름을 얻게 됐습니다. 외국 사신들이 드나들면서 나라와 나라 사이의 공무역이 이루어졌는가 하면 고려 상인들과 외국 상인들 사이의 사무역도 활발했습니다. 이때 아라비아상인들도 벽란도를 통해 개경에 들어와 무역을 했는데, 이들에 의해 고려의 이름이 서양에 널리 전파됐습니다. 그래서 우리나라가 '코리아'로 불리게 된 것입니다. 이 사실 하나만으로도 고려의 위상이 얼마나 대단했었나를 알 수 있겠죠?"

"코리아가 고려에서 나온 말이군요."

한 직원이 처음 듣는다는 표정으로 말하자 몇 사람이 동조하기도 했다.

"그만큼 고려가 세계적으로 활약했다는 의미겠지요? 조선총독부의 조사 자료에 따르면, 당시 개경의 인구가 약 100만 명이나 됐다고 합니다. 현재 우리나라에는 인구 100만 도시가 열 군데 정도나 되므로 크게 와닿지 않을 수도 있겠는데요. 같은 시기 이탈리아 피렌체의 인구가 10만 명가량이었다고 하니 개경이 어느 정도 큰 도시였는지를 짐작할 수 있습니다. 개경 거리에 상점들이 워낙 많아 비가 오는 날에도 상점 처마 밑으로만 다니면 비를 맞지 않았다고 해요. 국제도시였던 개경에 근거지를 두고 활동하던 상인을 '송상(松商)'이라고 불렀습니다. 개경의 다른 이름인 송도의 상인이라는 뜻입니다. 이들이 바로 개성상인입니다. 이들은 전국적인 상인 조직을 갖추고 왕성한 상업활동을 전개했습니다. 고려의 송상, 즉 한국의 개성상인 하면 상술이 뛰어날 뿐 아니라 매사에 철저하고, 거래 관계에서 신용을 최우선으로 하며, 회계 기술이 탁월한 사람들로 정평이 났었습니다. 이탈리아의 베네치아상인 못지 않았죠."

"오!"

환호성이 터져 나왔다. 유민과 마찬가지로 모두 뿌듯한 얼굴이었다.

천 년 전 고려, 오늘날의 코리아

"여러분, 깍쟁이라는 말 많이 들어보셨죠? 이 말의 뜻이 무엇인지 아시나요? 국어사전을 찾아보면 '몹시 이기적이고 인색한 사람, 얄미울 정도로 약빠른 사람'이라고 돼 있습니다. 그다지 좋은 의미는 아닌 것 같죠? 이 말의 유래에 대해서는 여러 가지 설이 있지만 그중 하나가 '원래 고려 때 개성상인을 부르는 말이었다'라는 겁니다. 장사 잘하기로 유명한 개성상인을 '가게쟁이'라고 불렀는데, 이 말이 시간이 지나면서 억세게 변해 '깍쟁이'가 됐다는 거죠. 여기에는 개성상인들을 시기하고 견제하는 마음도 어느 정도 반영됐을 거라고 생각합니다. 어감이 좋지는 않지만 그만큼 개성상인들의 장사 수완이 뛰어났다는 반증이기도 하죠."

천 년 전 고려, Korea = 지금의 대한민국, Korea

"가깝게는 중국과 일본, 멀게는 아라비아와 페르시아에 이르기까지 고려의 무역 상대는 다양했습니다. 그래서 개경은 항상 외국인들로 북적였어요. 개경에는 송나라, 요나라, 금나라뿐 아니라 이슬람교를 믿는 아라비아상인들이 따로 묵을 수 있는 숙박시설도 있었습니다. 교통수단이 지금과는 비교가 되지 않을 때니까 한번 오면 꽤 오랫동안 머물렀겠지요? 이들은 오래 머물면서 연등회나 팔관회 같은 국가적인 행사에 공식적으로 초청을 받아 참석하기도 했습니다. 이런 자리를 통해 자연스럽게 문화적 교류도 이루어졌고요.

고려는 수준 높은 문화를 꽃피웠던 나라입니다. 여러분, 상감청자 아시죠? 고려인들이 창안한 특수 기법으로 빚어낸 아름다운 비취색의 자기, 지금도 보물 중의 보물로 여겨지지 않습니까? 목판과 금속활자 인쇄술도 당시 엄청나게 발전했어요. 이때부터 고려에서는 금속활자가 만들어졌는데, 《직지심체요절》은 세계에서 가장 오래된 금속활자 인쇄본입니다. 1377년에 인쇄됐으니 독일의 구텐베르크가 1440년경에 금속활자를 발명한 것보다 훨씬 앞서죠. 유네스코 세계기록유산에 등재된 목판본 팔만대장경도 또 하나의 자랑거리입니다. 고려인들이 16년에 걸친 대역사 끝에 1251년에 완성한 것으로, 현존하는 가장 정확하고 완벽한 대장경으로 평가받고 있죠.

그뿐만이 아니라 고려 시대에 이르러 다양한 화폐가 만들어지면서 화폐경제가 자리를 잡게 됐습니다. 6대 임금 성종 때는 '건원중보'라는 최초의 철전이 만들어졌고, 15대 임금인 숙종 때는 주전도감을 설치해 '은병'을 만들었으며 이어 '해동통보', '해동중보', '삼한통보', '삼한중보', '동국통보', '동국중보' 등을 주조했습니다.

고려의 화폐는 세계 경제사에서 가장 위대한 화폐로 평가받는데요. 그 이유는 정치 권력자의 얼굴이나 연호가 아니라 국가명을 새긴 유일한 화폐이기 때문입니다. 당대 권력을 잡은 황제나 그의 통치를 의미하는 연호를 새긴 화폐는 그 정치 권력자가 사라지면 가치가 떨어지기 마련이죠. 그래서 화폐는 정치권력으로부터 항상 중립의 위치에 있어야 합니다. 이것을 현대 경제학에서는 중앙은행의 독립이라고 하는데요. 천 년 전 고려는 주전도감이라는 독립된 기구를 설치하고 중앙은행이 정치권력으로부터 독립해야 한다고 인식했어요. 그런 인식하에 당해 정치 권력자의 연호나 얼굴을 그려 넣지 않고 국가명만을 새긴 것입니다. 고려 시대를 배경으로 활동한 개성상인이 복식부기를 창안했음을 뒷받침하는 가장 큰 경제적 논리는 고려가 중앙은행의 독립 필요성을 이미 인식하고 있었다는 사실입니다."

이야기를 할수록 자부심으로 가득 차 유민의 목소리가 점점 높아졌다. 청강자들의 얼굴도 조금씩 홍조를 띠어갔고 다들 감격스러워하는 모습이었다.

"천 년 전 한반도에 존재했던 통일 왕국 고려, 그 이름이 천년이 지난 오늘날 대한민국의 국호로 불리고 있다는 것은 결코 우연의 일치가 아닙니다. 인류 경제사에서 가장 위대한 의미를 갖는 화폐경제 원리와 회계 원리를 이미 고려가 간직하고 있었기 때문입니다."

갑자기 박수 소리가 터져 나왔다. 한 사람이 시작한 박수는 이내 강당 전체로 퍼져 감동의 물결을 이뤘다. 유민은 자기도 모르게 꾸벅 고개를 숙였다.

이웃과 사회와 국가를 생각한 개성상인들

"개성은 서울에서 자동차를 타고 한두 시간쯤 가면 도착하는 위치에 있습니다. 그만큼 개성은 가까운 곳입니다. 해방 직후에는 38선 이남이었는데, 한국전쟁으로 휴전선이 만들어지면서 북한 지역으로 편입되고 말았습니다. 저의 조상님들은 대대로 개성에 터를 잡고 살아오신 분들입니다. 증조할아버지께서는 개성에서 상인으로 활동하셨고, 할아버지는 상업 활동은 하지 않았지만 개성에서 태어나 자라셨습니다. 할아버지께서 한국전쟁 때 남쪽으로 내려오시면서 저희 집안이 남한에 정착하게 됐습니다. 그러니까 저는 서울에서 태어났지만 개성상인의 후손입니다. 저는 어렸을 때부터 저의 조상님들이 개성상인이었다는 데 대해 큰 자부심을 가지고 자랐습니다. 언젠가 통일이 되면 조상님들의 고향인 개성 땅을 꼭 밟아보고 싶습니다. 그런데… 할아버지께서 이산가족 상봉 신청을 해두셨음에도 당첨이 되지 않아 개성에 두고 온 형님과 친척들을 끝내 만나보지 못하고… 작년 가을에 돌아가시고 말았습니다. … 통일이 되면 할아버지 유해를 개성으로 모시고 가 묻어드리고 싶습니다."

유민은 갑자기 감정이 격해졌다. 눈물이 나올까 봐 얼른 손수건을 꺼내 땀을 닦는 척 눈가를 훔쳤다. 강당 안에 뜨거운 박수가 이어졌다. 유민만큼이나 충혈된 눈으로 열심히 손뼉을 치는 사람도 보였다.

"아이참, 죄송합니다. 개성상인 이야기를 하다가 그만…."

"괜찮습니다!"

"힘내세요!"

다시 한번 박수가 터져 나왔다.

"계속하겠습니다. 이처럼 고려 시대 때부터 오늘날까지 개성상인이 이탈리아의 베네치아상인이나 일본의 오사카상인 못지않게 뛰어난 상인의 표상으로 여겨지게 된 데는 몇 가지 이유가 있습니다. 첫째는 그들이 지금도 충분히 귀감이 될 만한 상업윤리와 금융윤리, 기업윤리를 변함없이 지켜왔다는 것입니다. 그리고 둘째는 과학적이고 체계적인 회계법을 만들어 이를 실행하고 전수해왔다는 것입니다. 세계적으로 내로라하는 경제 분야 석학들이 모인 하버드대학교 비즈니스스쿨에서는 기업 행동과 기업윤리의 일치를 가장 강조합니다. 하지만 개성상인들은 이미 천 년 전에 그렇게 하고 있었습니다.

돈 또는 소비에 대한 관점을 이야기할 때 경제적 동물이라거나 천민자본주의 같은 말을 쓰죠?"

"강사님, '개처럼 벌어서 정승처럼 쓴다' 라는 말도 있어요!"

뒤쪽에서 한 사람이 얼른 말했다.

"맞아요. 수단과 방법을 가리지 않고 닥치는 대로 돈을 벌고 나서, 쓸 때 보란 듯이 잘 쓰면 그만이라는 말이죠. 이 말은 적어도 개성상인들에게는 통하지 않았습니다. 정당한 방법으로 떳떳하게 번 돈만이 제대로 된 돈이라 여긴 겁니다.

이 사실을 알고 계신가요? 〈캐리비안의 해적〉이라는 영화에 등장하는 해적 떼가 13세기에서 16세기에 황해를 지배한 해적들이라는 것을요. 해상무역이 점점 발전하면서 고려는 밀수와 해적질 등에 심한 몸살을 앓습니다. 위조화폐가 화폐경제를 어지럽히고, 귀금속 성분을 속인 악화가 유통되기도 하며, 과도한 매점매석이 이루어지거나 불량 도량형이 사용되는 등 부작용이 나타난 것입니다. 시전이 발달하면서 상인의 수가 급증해 획일적으로 통제하기도 쉽지 않았습니다. 그러자 개성상인들은 자신의 상점에 8개의 덕목을 적은 방문(榜文)을 붙여놓고 이를 지키기 위해 애썼습니다. 8개의 덕목은 영통, 통상, 광덕, 흥선, 존신, 행손, 효의, 자양이었습니다."

스크린에 8개의 항목이 한자와 함께 제시됐다.

영통(永通), 통상(通商), 광덕(廣德), 흥선(興善), 존신(存信),
행손(行遜), 효의(孝義), 자양(資養)

"영통은 영속적인 유통으로 상인의 사명을 다하자는 뜻이고, 통상은 외국과의 상업을 열자는 뜻입니다. 그리고 광덕은 덕을 넓히자는 것이니 덕스러운 마음으로 장사하자는 뜻이고, 흥선은 선을 베풀자는 것이니 역시 선한 마음으로 상업에 임한다는 뜻이에요. 존신은 신의를 존대한다는 의미로 신용을 지키자는 것이고, 행손은 손님이나 다른 사람에게 항상 겸손하고 공손해야 한다는 의미로 친절과 서비스 정신을 강조한 것입니다. 또한 효의는 부모에게 효도한다는 뜻이고, 자양은 장사해서 번 돈으로 가족을 부양한다는 뜻과 아울러 가족을 건사할 만큼의 돈을 벌었다면 더는 욕심을 부려서는 안 된다는 의미도 담고 있습니다.

이와 같이 개성상인들은 단순히 돈벌이에만 혈안이 된 장사치 수준을 넘어 나와 더불어 살아가는 이웃과 사회와 국가를 생각하면서 상인으로서 마땅히 지켜야 할 소명과 역할에 충실하고자 했던, 철학이 있는 상인 집단이었습니다. 세계 어느 상인들에게서도 좀처럼 찾아볼 수 없는 높은 도덕과 윤리 의식을 가지고 있었죠."

베네치아보다 200년 앞선 복식부기

유민이 리모컨으로 다음 화면을 보여줬다.

> 눈물과 함께 빵을 먹어보지 못한 사람은[…]
> 너희들은, 하늘의 힘을 모른다.

"이 시를 아시나요? 아까 나눠드린 자료에서 전문을 찬찬히 읽어보셔도 좋을 듯합니다."

강당 안이 묘한 분위기로 술렁였다. 회계 이야기를 하다가 왜 뜬금없이 시 이야기냐는 표정들이었다.

"독일의 대문호 괴테의 '눈물과 함께 빵을'이라는 제목의 시입니다. 정말 유명한 시죠. 저도 한때 괴테의 시와 소설을 읽느라 밤잠을 설친 적이 많았습니다. 그런데 이토록 위대한 작가인 괴테가 복식부기에 대해서도 명언을 남겼다는 사실을 알고 계신가요?"

괴테와 복식부기라, 너무나 다른 조합이라 다들 눈이 휘둥그레졌다.

"'복식부기는 인간의 지혜가 낳은 가장 위대한 발명 중 하나다.' 바로 괴테가 남긴 말입니다."

"오!" 하며 감탄하는 사람도 있고, '설마?' 하는 표정으로 고개를 갸웃거리는 사람도 있었다.

"세계 최초의 복식부기는 13세기경 이탈리아 베네치아상인들이 체계화했다고 말씀드렸죠? 상인들이 사용하던 복식부기를 학문의 수준으로 끌어올린 사람이 있습니다. 이탈리아의 수학자 루카 파치올리(Luca Pacioli)입니다. 그는 베네치아에 머물며 직접 체험한 내용을 바탕으로 1494년에 《산술집성》을 펴내면서 복식부기를 소개했습니다. 이후 유럽 전역에 복식부기가 널리 알려졌고, 상거래에서 실용화되었죠. 그래서 파치올리를 '회계학의 아버지'라고 부르기도 합니다.

그런데 고려 개성상인들이 복식부기를 사용한 것은 이보다 무려 200년이나 앞선다는 사실, 알고 계십니까?"

"정말요?"

"200년이나!"

다들 놀란 듯 웅성거리는 소리가 커졌다.

세계 최고의 현대식 회계장부 발견

"2013년 가을 국내 유력 일간지에 '개성상인의 세계 최고 현대식 회계장부 찾았다' 라는 제목의 기사가 실린 적이 있습니다. 개성상인의 후손인 박영진 씨가 소장하고 있던 회계장부 14권이 발견된 것입니다. 1887년부터 1912년까지의 장부인데요, 이는 개성상인이 19세기 후반부터 자신들이 개발한 현대식 복식부기를 사용했음을 보여주는 소중한 자료입니다. 지금까지 알려진 현대식 복식부기 실무 회계기록 가운데 세계에서 가장 앞선 것으로 평가되고 있습니다."

"그런데 왜 '현대식' 이라고 하는 건가요? 이전의 방식과 차이가 있어서 그런가요?"

"아, 좋은 질문을 해주셨습니다. 회계학에서는 상품 매매 거래 위주의 상업회계나 채권 · 채무 거래의 금융회계에서 기원하는 베네치아 복식부기를 '중세식 복식부기' 라고 부릅니다. 반면 현대 제조 기업들의 제조원가 회계에서 기원한 복식부기를 '현대식 복식부기' 라고 합니다. 현대식 복식부기는 20

세기에 들어서야 유럽과 미국의 제조 기업들이 사용하기 시작했다는 게 통설입니다. 좀더 엄밀히 말해서 현대식 복식부기가 되려면 보다 엄격한 국제회계기준을 따라야 합니다. 회계 정보의 외부 이용자와 내부 이용자가 서로 속이지 않고 투명하게 의사결정을 할 수 있는 정보가 생성돼야 한다는 겁니다. 장부 안에 외부 이용자의 정보 수요에 해당하는 투자자와 경영진 그리고 채권·채무 거래자 등의 계정이 존재해야 한다는 거죠.

그런데 당시 발견된 개성상인의 회계장부를 분석한 결과 개성상인들은 이미 19세기에 재무상태표, 손익계산서, 이익 배당 내용까지 포괄하는 현대식 복식부기를 사용해 합리적 경영을 해왔다는 사실이 증명된 겁니다. 박영진 씨가 소장하고 있던 회계장부 14권은 회계 이론이나 교과서가 아니라 기업 실무 회계 자료입니다. 총 1,000여 쪽 분량의 회계장부에는 개성상인 가문이 인삼을 재배하고 거래한 내역, 목화와 면포를 거래한 내역, 금융업을 하면서 작성한 회계의 모든 과정이 낱낱이 기록돼 있습니다. 여기에는 분개장(分介帳), 즉 일기장에 기입한 내용을 원장에 옮기기 전에 대변과 차변으로 나누어 상세히 기입하는 장부에서부터 총계정원장(總計定元帳),

즉 일자, 적요, 수입, 지출, 잔액, 잔액 누계, 합계 등 기업회계에 관한 전체 계정의 수입과 지출을 상세히 수록한 장부까지 약 30만 건의 거래 내용이 담겨 있습니다. 정말 대단하지 않습니까?"

"와, 정말 놀랍습니다."

곳곳에서 탄성과 함께 박수가 터져 나왔다.

"20세기 이전에 현대식 복식부기로 모든 회계 과정을 기록한 완벽한 자료는 세계 어디에서도 발견된 적이 없습니다. 이 자료를 통해 개성상인들이 이미 19세기 말에 서구는 물론이고, 중국이나 일본의 어떠한 영향도 받지 않은 독자적인 방식으로 현대식 관리회계 기술을 사용했음이 밝혀진 것입니다. 이와 더불어 또 한 가지 기쁜 소식이 있습니다."

유민은 일부러 뜸을 들이며 강당을 한차례 둘러보았다. 다들 눈을 빛내며 다음 이야기를 기다리고 있었다.

"1786년에 복식부기로 기록된 또 다른 개성상인의 부채장부가 발굴된 것입니다. 박영진 씨가 소장하고 있던 회계장부보다 무려 100년이나 앞선 자료지요. 그러나 이 자료는 북한 사회과학원이 소장하고 있기 때문에 원본을 볼 수가 없습니다. 다만 국내 한 출판사가 PDF 파일 형태로 자료를 입수하여 내용을 확인했습니다. 일본 고베대학교 도서관에는 1854년에 복식부기로 기록된 개성상인의 회계장부가 소장돼 있는데요. 북한 사회과학원이 소장하고 있는 부채장부는 그보다 68년이나 앞선 자료입니다.

이로써 우리나라의 복식부기와 이를 근간으로 한 자본주의 전통은 확인된 것만 18세기까지로 앞당겨졌습니다. 그 주역이 바로 고려 시대 때부터 개성을 중심으로 국내 상업과 국제교역을 이끈 개성상인들이었습니다."

"역시 우리의 개성상인!"

그 한마디에는 자랑스러움이 가득 담겨 있었다. 강당은 열기로 점차 달아올랐다.

"자, 그러면 회계와 화폐와 국가 간 통상질서의 관계에 대해 말씀드리겠습니다. 아까 설명해드렸듯이 세계에서 국가 이름을 새긴 화폐가 만들어진 것이 고려가 처음이라고 했죠? 국가와 국가 간 통상질서에는 화폐주권(Monetary sovereignty)이 필수적으로 전제되어야 합니다. 유럽에서는 17세기 30년 전쟁을 끝내고 맺은 국가와 국가 간 평화협약, 즉 국가 간 주권 평등의 원칙(Westphalian sovereignty)으로 화폐주권과 국가주권이 함께 형성됐다고 인식합니다. 흔히 국가주권에서 영토주권을 가장 중요하게 인식하는데요, 군사주권과 외교주권 모두 이 영토주권을 지키기 위한 것입니다. 그러나 전쟁이 끝나고 평화가 이어지면 회계단위의 주권, 즉 통화주권이 가장 중요해집니다. 외부의 어떠한 권력도 계산 단위로서 화폐주권을 간섭할 수 없는, 일종의 신성불가침한 영역 표시가 바로 화폐주권입니다. 유럽은 이 질서를 17세기에 확립했습니다. 그러나 고려는 이보다 600년이나 앞서 국제 통화질서를 주도했습니다.

질문 한 가지 드리겠습니다. 오늘날 세계 대부분의 나라가 자국 주권 화폐를 사용하고 있습니다. 그런데 자국의 문화 역량으로 자국의 화폐를 제조하는 나라는 몇 군데나 될까요?"

"자기 나라 화폐를 남의 나라에서 찍어내는 국가도 있나요?"

"그러게요. 아주 후진국이라면 모를까…."

"그렇게들 생각되시죠? 그런데 모두 여섯 나라만 자국 역량으로 자국의 화폐를 제조합니다. 우리 대한민국을 비롯하여 독일, 미국, 영국, 캐나다, 일본밖에 없어요. 이 6개국은 고려의 주전도감과 같은 독립된 화폐 제조국을 가지고 있습니다. 한국조폐공사, 미국의 연방인쇄국, 영국의 데라루(De La Rue)가 모두 고려의 주전도감 같은 곳입니다. 위·변조 방지가 최대 관건이죠. 오늘날에도 세계 6개국만이 보유한 화폐주권을 고려는 이미 10세기부터 개발하여 지켜온 것입니다."

"고려는 정말 대단한 나라였군요!"

"알면 알수록 놀랍지요? 11세기 무렵에 이미 개성상인들은 정교한 복식부기를 만들어 사용했을 것으로 추정됩니다. 화폐가 제작되고, 상업이 활발해지며, 국제무역이 급물살을 타던 즈음에 회계에 관한 기술이 급진전을 이룬 것입니다. 이는 서양에서 복식부기가 처음 생겨난 14~15세기보다 적어도 2세기나 앞선 겁니다. 단지 서양과 달리 우리는 고유의 개성식 복식부기가 상인들 사이에서만 비밀리에 활용되고 전수되어 왔어요. 그러다 보니 널리 확산되거나 학문적으로 체계화되지 못한 겁니다. 이 점이 너무도 아쉬운 대목입니다. 하지만 앞으로 1786년에 기록된 장부보다 더 앞선 확실하고 정교한 장부가 발굴된다면 세계 회계의 역사를 개성상인의 복식부기로 다시 쓰게 될 날이 오리라 믿습니다."

거래의 기본은 신용, '시변제도'
—

유민은 스크린에 다음 화면을 띄웠다.

"혹시 '치부책'이라는 말 들어본 적 있으신가요?"

"네, 치부책. 수첩 같은 것 아닌가요?"

"장부를 가리키는 것 같습니다."

군데군데 고개를 끄덕이는 사람들이 있었다.

"연세 좀 드신 분들은 잘 아실 겁니다. 옛날 어른들은 돈이나 물건이 들고 나는 것을 기록하는 책을 '치부책' 또는 '치부장'이라고 불렀습니다. 여기서 치부란 금전이나 물건 따위가 들어오고 나가는 것을 기록하는 일을 가리킵니다. 돈 계산을 기록하는 것이 부기라고 말씀드렸으니 결국 치부와 부기는 같은 말이겠죠? 하지만 두 단어에는 차이가 있습니다. 부기는 일본 메이지 시대에 만들어진 용어로 단순한 기록에 의미를 둡니다. 반면 치부는 '다스리다', '바로잡다'라는 뜻의 '치부(治簿)' 또는 '두다', '배치하다'라는 뜻의 '치부(置簿)'라고 써서 '장부를 다스리고 바로잡다' 또는 '장부를 똑바르게 배치하다'라는 의미를 가지고 있습니다. 회계의 본래 취지를 한층 잘 살린 말이 바로 치부입니다. 일본 사람들이 쓰던 회계 용어보다는 뜻이 깊고 풍부한 우리 고유의 회계 용어를 쓰는 게 더 좋겠다는 생각입니다."

"저는 '치부'가 어른들이 쓰시는 사투리인 줄만 알았습니다."

누군가의 말에 다들 웃었는데, "저도 그랬어요"라는 반응이 의외로 꽤 있었다.

"개성상인들이 고안해낸 복식부기를 '사개치부법' 또는 '사개송도치부법'이라고 합니다. 여기서 송도는 개성의 옛 이름이고, 치부법은 장부를 다스리고 똑바르게 하는 방법이라는 건 이제 잘 아실 겁니다. 그렇다면 사개는 무슨 뜻일까요?"

"네 가지를 기록한다, 아닐까요?"

"그렇습니다. 정확히 맞히셨어요. 사개는 한자로 '넉 사(四)'에 '낄 개(介)' 자를 씁니다. 복식부기의 대변과 차변에 해당하는 계정을 음양사상에 입각하여 '주는 자, 받는 자, 주는 것, 받는 것' 이렇게 네 가지 요소로 나눠 기록한 거예요. 장부 조직은 자산에 해당하는 봉차 1개, 부채에 해당하는 급차 1개, 이익 1개, 손해 1개로 이루어져 있습니다. 사개송도치부법에 대해서는 다음 시간에 자세히 다루도록 하고, 오늘은 이 정도만 기억해주시기 바랍니다."

유민은 잠시 숨을 가다듬으며 화면을 넘겼다.

"현대 사회를 신용 사회라고 합니다. 그만큼 신용이 중요하게 여겨지는 사회라는 의미죠. 현금이 없더라도 신용카드 한 장이면 무엇이든 살 수 있고, 돈이 급하게 필요할 때도 신용만 있으면 은행에서 돈을 빌릴 수 있습니다. 그런데 정말 그럴까요? 이렇다 할 담보도 없고, 번듯한 직장도 없는 사람이 은행에 가서 돈을 빌릴 수 있을까요? 거의 불가능하다고 봐야 합니다. 이게 엄연한 현실입니다. 그렇죠?"

고개를 끄덕이는 사람이 많았다.

"개성상인들은 신용을 목숨처럼 소중히 생각했습니다. 신용으로 장사를 했고, 신용을 보고 거래를 했으며, 신용이 있는 사람은 지위의 높고 낮음이나 국적을 불문하고 파트너로 생각했습니다. 개성상인들이 고안해낸 제도 가운데 현대 금융 사회와 가장 부합하는 제도로 '시변제도'라는 것이 있습니다. 요즘에는 은행에 가는 일이 드물고 인터넷 뱅킹으로 대부분 일을 처리하지요? 앞으로는 더더욱 은행 갈 일이 없어질 것입니다. 시변제도는 회계와 신용을 연결한 제도인데요, 은행을 설립하지 않고 회계장부상에 가상의 은행 계정을 설정하고 처리하는 것만으로 신용을 일으키는 것을 말합니다. 즉, 시변제도는 신용만 확실하다면 아무것도 보지 않고 돈을 꿔주는 개성상인만의 고유한 금융제도였습니다.

영국의 경제학자 케인스 아시지요? 그는 이자율이 현재 소비와 미래 소비(저축)의 균형이 아니라 유동성 선호에 따라 결정된다고 인식했어요. 그러나 개성상인들은 이미 케인스보다 앞서서 유동성에 따라 이자율이 변동한다는 사실을 인지하고 유동성 시장까지도 발달시켰습니다. 그것이 바로 시변제도입니다. 오늘날 은행 상호 간의 콜머니 마켓(Interbank call money market)처럼 단기 유동성을 조달하는 시장을 만든 거예요. 오직 신용만을 보고 거래한 선진적 금융제도였으며, 담보는 따로 없었습니다. 월초의 여유자금을 높은 이자로 맡기고, 월중에 돈이 필요하면 낮은 이자로 빌려 그 차이만큼 이익을 얻었던 겁니다. 즉, 짧은 기간에도 여유자금을 놀리지 않았던 거죠.

시변제도에서 결제일은 언제나 매월 마지막 날로 고정적이었습니다. 이자율은 매달 1일에서 5일 사이에 빌리면 월 1.25퍼센트, 6일에서 10일 사이에 빌리면 1.0퍼센트, 11일에서 15일 사이에는 0.75퍼센트, 16일에서 20일 사이에는 0.50퍼센트로 점점 내려가는 방식이었습니다. 닷새마다 0.25퍼센트씩 이자를 낮췄고, 25~30일 사이는 회계처리 기간으로 이자를 물리지 않았습니다. 달마다 5일 간격으로 이자율이 뚝뚝 떨어지기 때문에 낙변(落邊)이라고도 불렀다고 합니다.

시변제도는 특수한 금리를 이용하여 자금의 대여자와 차용자 사이에 '환도중(換都中)'이라고 불리는 중개인을 통해 아무런 담보물 없이 신속하고도 확실하게 단기자금을 거래하는 독특한 금융제도였습니다. 금리는 상반기에는 2월 25일에, 하반기에는 7월 25일에 환도중과 거래자의 대표가 환도중의 동업조합인 박물계의 사무소에 모여 다음 기(期)의 금리를 결정했다고 합니다. 천 년 전에 이처럼 선진적인 금융제도가 존재했다니, 신기하면서도 재미있죠?

여담이지만…, 우리 회사에서 신용이 가장 좋은 분이 누군지 아십니까?"

잠시 의아해하는 사람들 사이로 몇 사람의 키득거리는 소리가 들렸다. 그러자 모두의 시선이 일제히 오신용 사장에게로 쏠렸다.

"네, 맞습니다. 사장님이십니다. 존함이 '신용'이시잖아요."

강당 안에 폭소가 터졌다. 진지하게 듣고 있던 오신용 사장도 파안대소했다.

"개성에서 시변을 쓰는 차용자는 신용이 두터운 사람으로 여겨졌습니다. 일제강점기 당시에는 상당한 신용과 재력을 가진 사람이라야 시변을 이용할 수 있었고요. 1912년 이후 수년 동안 식산은행 개성지점, 한성은행 개성지점, 송도금융조합, 개성금융조합 등 개성에서 대표적인 금융기관들의 예금이 통틀어 100만 원 정도였는데, 시변의 유통액은 무려 700~800만 원에 달했다고 합니다. 이것만 봐도 개성상인들의 시변 때문에 개성에서 은행을 경영하는 일이 얼마나 힘들었는가를 알 수 있습니다. 시변 거래가 행해지면 대여자와 환도중, 차용자는 결제가 완료될 때까지 따로 만나는 일이 없을 정도로 거래 내역이 비밀에 부쳐졌습니다. 개인 금융 정보를 철저하게 보호해준 것입니다. 그렇기 때문에 서슬 퍼런 일제강점기 동안에도 시변제도가 유지될 수 있었습니다.

1939년 송준동이라는 분이 월간지 〈식은조사월보〉에 발표한 논문을 보면, 이미 1750년대부터 개성상인들 사이에서 시변제도가 시행되었다고 합니다. 신용을 최고 가치로 여겨오던 개성상인들이 오래전부터 정착시켜온 제도임을 알 수 있습니다. 신용만 확실하면 별다른 조건 없이 필요로 하는 사람들에게 돈을 빌려주던 시변제도는 단순히 무담보 금전 거래라는 데에만 의미가 있는 것이 아닙니다. 동료 상인과 지역 사회를 위한 공존의 정신과 상생의 이념을 직접 실천했다는 데 더 큰 의미가 있어요. 그렇기에 민족자본을 말살하는 데 혈안이 돼 있던 일제마저도 시변 거래를 막을 수가 없었던 겁니다. 개성상인들이 한국을 대표하는 상인으로 인정받게 된 것은 바로 이 같은 동료와 공동체를 배려하는 정신이 있었기 때문입니다."

잠시 숙연한 분위기가 흘렀다. 유민은 크게 심호흡을 한 뒤 강의를 계속했다.

낙하산은 용납 못 해, '차인제도'

"요즘 재벌 3세와 4세 그리고 그 가족들의 각종 불미스러운 행태가 사회적으로 물의를 일으키고 있습니다. 매스컴에는 하루가 멀다고 이들에 관한 소식들이 올라옵니다. 이른바 '갑질'이라고 하죠. 회사와 직원이라는 공적인 영역과 내 재산과 가족이라는 사적인 영역을 구분할 줄 모르기 때문에 벌어지

세계가 놀란 개성회계의 비밀

는 일입니다. 소유와 경영에 대한 명확한 개념, 즉 철학이 없으면 이런 일은 언제까지고 반복될 수밖에 없습니다.

그런데 개성상인들은 먼 옛날부터 이미 소유와 경영을 분리해서 생각했으며, 이를 철저하게 실천했습니다. 그것이 바로 차인제도입니다."

유민이 화면을 넘겼다.

차인제도(差人制度)

"개성상인들은 자신의 가게에서 10년 이상 잘 양성된 점원이 믿음직스럽게 성장하면 차인으로 등용했습니다. 차인을 양성하는 교육 방식은 도제(徒弟)였습니다. 도제란 장인이 되기 위해 직접 장인 밑에 들어가 생활하면서 철저하고 혹독하게 훈련받는 방식을 말합니다. 주인은 도제를 통해 양성된 차인을 책임지고 독립시켰습니다. 차인에게 무담보로 자금을 대여하고 스스로 상업활동을 하도록 한 것입니다. 이때 주인은 차인의 경영에 일절 간섭하지 않았고, 이윤이 생기면 공평하게 나누었습니다. 훗날 차인이 점점 큰 자본을 조성하게 되면 차인을 완전히 독립시켜줬습니다.

지금은 돌아가신 재야 역사학자 문정창 선생은 1941년에 출간한 저서 《조선의 시장》에서 개성상인들이 운영하던 차인 제도의 특징을 다섯 가지로 정리했습니다.

— 첫째, 개성상인은 유소년 때부터 도제 교육을 통해 10년 이상 양성한 점원이 지능과 상술이 숙달해 쓰임새 있고 믿을 수 있게 되면 그 점원을 차인으로 등용했다.

둘째, 주인은 차인에게 담보 없이 연리 15퍼센트 정도의 낮은 이자로 일정액의 자금을 대여하여 상업을 자영하게 했다.

셋째, 주인은 차인의 사업에 대해 일절 간여하거나 간섭하지 않았으며, 연말결산에서 이익이 나면 그것을 차인과 주인이 반씩 나누었다.

넷째, 주인이 차인에게 대여하는 자금은 주인이 자기신용으로 얻은 시변 돈을 사용했다. 시변의 연리는 13퍼센트 정도였으므로 주인은 차인으로부터 연 2퍼센트 정도의 이자를 받는 셈이었다.

다섯째, 위와 같이 주인의 지원을 받아 처음 사업을 경영한 후 점차 자본을 결성하게 되면 차인은 비로소 완전히 자립하게 된다.

세계가 놀란 개성회계의 비밀

어떻습니까? 정말 멋지지 않습니까?"

"정말 멋쟁이들입니다."

누군가가 큰 소리로 호응했다. 부러움이 가득 담긴 목소리였다.

"그렇지요? 개성상인들 진정한 멋쟁이들인 것 같습니다. 게다가 이들은 장차 가업을 승계할 자제에게는 반드시 다른 상가에서 도제 과정을 거치게 했습니다. 서로 자식을 교환하여 경영을 훈련하는 '역자교지(易子教之)'로 전문경영인을 양성한 것입니다. 내 자식이라고 아무런 준비도 훈련도 되지 않았는데, 자신의 상가에 낙하산으로 눌러앉힌 게 아닙니다. 또한 개성상인들은 장사를 시키려면 자기 아들일지라도 반드시 사환을 거쳐 밑바닥 현장에서부터 장사하는 방법을 체득하도록 했습니다. 그래서 독립해 장사를 해도 될 단계에 이른 개성 출신 상인은 모두 수십 년에 걸쳐 경험과 실력을 쌓은 베테랑 상인이었습니다. 이와 같은 차인제도는 개성상인들의 유통망이 전국적으로 확장되는 데 한몫했습니다. 이는 또 각 지방의 특산물을 다른 지방에 소개해 고가로 판매할 수 있는 새로운 상술로 이어졌고요. 그렇지 않아도 확고부동했던 개성상인들의 시장 주도권이 더욱 튼튼해진 것입니다.

전국 방방곡곡에 흩어져 장기간 체류하면서 상업활동을 하던 차인들은 해마다 연말이면 주인과의 결산을 위해 개성으로 모여들었습니다. 이로 인해 송상들의 연말 귀향 풍습이 생겨났어요. 주인과 차인이 만나 결산할 때는 당연히 사개치부법으로 작성된 복식부기 회계장부를 보며 셈을 했습니다. 사개치부법에 따른 장부 정리 업무가 늘어나면서 전문적으로 이 일에 종사하는 사람도 생겨났는데, 이런 사람을 서사(書師)라고 불렀습니다."

시간이 꽤 흘렀는데도 누구 하나 자리를 뜨지 않고 흥미롭게 듣고 있었다.

"지금까지 개성상인들의 3대 상업제도인 사개송도치부법, 시변제도, 차인제도를 살펴봤습니다. 남다른 상술과 철학을 가지고 자본을 축적하며 오랜 세월 상인 집단으로 활약해온 개성상인들은 과학적이고 선진적인 세계 최초의 복식부기 사개송도치부법을 탄생시켰고, 신용을 바탕으로 은행보다 더 믿음직한 것으로 여겨졌던 금융제도인 시변제도를 발달시켰으며, 재능과 실력과 인성을 겸비한 인재라면 누구든 경영자가 될 수 있도록 발탁해 지원하는 차인제도를 도입해 운영했습니다.

세계가 놀란 개성회계의 비밀

이 세 제도는 유목민족이 도시에 정주하여 이룩한 문명입니다. 개성상인들은 개성에 정주하면서 원격지 무역을 수행하는 차인들을 회계장부와 금융으로 연결하여 회계 금융 네트워크를 개발한 것입니다. 오늘날 글로벌 무대를 배경으로 기업활동을 수행하는 기업들처럼 말이죠. 오늘날 글로벌 기업들은 뉴욕, 파리, 런던, 싱가포르 등의 도시에 정주하면서 전 세계 국제 교역에 따른 회계 금융 정보의 흐름을 총괄하지 않습니까? 바로 그와 같은 일을 개성상인들이 한 것입니다. 개성상인은 유목 문화는 차인제도로, 도시 정주 문화는 사개송도치부법으로 개발하여 독특한 금융 문화인 시변제도를 창안한 것입니다.

이는 현대 기업에 그대로 적용해도 전혀 손색이 없는 제도들입니다. 그 바탕에는 수단과 방법을 가리지 않고 돈을 벌어 나만 잘 먹고 잘살겠다는 천박한 생각이 아니라 정직과 신용으로 부를 쌓고 이웃과 사회와 국가를 함께 생각하면서 대립보다는 상생을 지향하는 상인정신이 있었습니다. 그랬기에 이런 제도가 만들어지고 정착될 수 있었던 게 아닌가 생각합니다.

오늘은 여기까지 하겠습니다. 경험도 없고 지식도 부족한 저에게 이런 귀한 자리를 마련해주시고, 또 어눌한 강의를 끝까지 경청해주신 사장님과 여러 선배님께 진심으로 감사드립니다. 다음 시간에는 더 많이 준비해서 더 잘하겠습니다."

첫 강의를 무사히 끝낸 유민이 90도로 허리를 꺾어 인사하자 강당 안에는 뜨거운 박수갈채가 이어졌다. 강의 시작 전 불만이 가득했던 푸념과 비아냥거림은 온데간데없었다. 유민은 다시 한번 허리를 깊이 숙였다.

"감사합니다. 감사합니다."

앞자리에 앉아 있던 오신용 사장과 임원진 그리고 이도양 부장이 차례로 유민을 격려해줬다. 사람들이 웬만큼 빠져나가자 강당 맨 뒷자리에 옹기종기 모여 있던 인턴 동기들이 일제히 환호성을 지르며 유민을 반겼다.

"유턴, 멋지다!"

"유턴, 만세!"

"오늘은 내가 한턱 쏜다!"

전상인 팀장은 껑충껑충 뛰면서 두 손 모아 하트까지 그려 보였다. 인턴 교육을 책임지고 있는 만큼 혹시나 잘못 풀리면 어쩌나 유민 못지않게 걱정했던 눈치다.

세계가 놀란 개성회계의 비밀

세계 최초·최고의
복식부기

2강

세계 최초 · 최고의
복식부기

회식을 마치고 무거운 몸을 이끌고 집에 돌아온 유민은 취기
가 도는지 몸을 비틀거렸다. 몇 잔 마시지도 않았는데, 피로
가 겹친 모양이었다.

"아니, 이 녀석 보게? 마실 줄도 모르는 술을 다 마시고….
무슨 일 있었니?"

유건철은 걱정스러운 눈길로 딸아이를 바라봤다.

"아, 아직 안 주무셨어요? 오늘 회식했거든요. 잔뜩 긴장했
다가 풀리니 피로가 한꺼번에 몰려오는 것 같아요."

"저런! 얼른 들어가 자거라."

유민은 자기 방으로 가 침대에 몸을 날렸다. 몸은 천근만근
이었지만 정신은 갈수록 또렷해졌다. 회식 자리에서 동료들
이 축하한다며 한마디씩 했던 말들이 귓가를 맴돌았다.

세계가 놀란 개성회계의 비밀

"너는 좋겠다. 정규직원은 떼어놓은 당상 아니겠어?"

"아, 정규직원이 다 뭐야. 초고속 승진까지 예약된 거지."

"유민 씨, 부러워요. 아무래도 나는 수습 기간 끝나는 대로 보따리 싸야겠어요."

그중에서도 가장 나이 많은 이상우 씨의 하소연이 마음에 걸렸다.

"우리 모두 정규직원이 되는 그날은 오지 않을 것 같아. 특히 나에게는 말이야…."

이튿날 아침 식탁에서 유민은 가족들에게 자신이 전 직원을 대상으로 4주 동안 개성상인을 주제로 강의하게 됐다는 사실을 털어놓았다. 강의를 잘할 수 있을지 두려운 마음에 아직 말을 하지 않았던 것이다.

"우리 딸, 장하네. 그래서 어제 그렇게 파김치가 됐던 거구나?"

"오, 대단한데? 오빠가 도와줄 테니 남은 강의도 잘해봐."

유민의 어머니와 오빠는 칭찬과 격려를 아끼지 않았지만 아버지는 신중한 표정이었다.

"거 참, 쉽지 않은 일을 맡았구나. 조상님들 욕되게 하지 않으려면 공부 많이 해야 한다."

"아버지, 오빠, 저 좀 도와주세요. 매일 일찍 들어와서 열심히 공부할게요."

그날부터 유민은 퇴근하는 즉시 집으로 달려와 아버지께 과외 수업을 받았다. 어린 시절부터 배워온 내용이었지만 아는 것과 강의하는 건 차원이 달랐다. 전상인 팀장도 유민이 강의 준비에 집중할 수 있도록 편의를 봐줬다. 유민의 동료들은 두세 명씩 팀을 이뤄 사내 각 부서를 순환 근무하면서 선배들로부터 기초 업무를 익히고 있었다.

그러는 사이 어느덧 두 번째 강의 시간이 다가왔다.

맨 앞엔 반드시 이것!

천은상길진(天恩上吉辰)

"한 주 동안 안녕하셨습니까? 유민입니다. 오늘 처음 말씀드릴 내용은 화면에 보시는 대로 '천은상길진'이라는 문구입니다. 무슨 뜻인지 아시겠습니까?"

"처음부터 너무 어려운 문제를 내시면 어떡합니까!"

누군가가 넉살 좋게 이야기하자 딱딱해질 뻔했던 분위기가 사르르 풀렸다.

"하하. 그렇군요. 이 말도 한 자씩 뜯어보면 어렵지 않습니다. '하늘의 은혜를 성실히 기록하고 일절 거짓이 없음을 나타낸다' 라는 뜻이에요. 정직과 성실을 다하면 하늘에서 큰 복을 내려주실 거라는 기원의 의미도 담겨 있습니다. 개성상인들은 모든 회계장부를 작성할 때 겉표지나 첫째 면에 반드시이 문구를 적어 넣었습니다. 회계장부를 작성하는 일을 하늘의 은혜를 기록하는 일로 여길 만큼 중요시했던 겁니다. 이런 마음가짐으로 장사하고 그 결과를 빠짐없이 장부에 남긴 사람들이 바로 개성상인들입니다.

개성상인들은 왜 하늘의 은혜를 구하는 이런 문구를 장부 맨 앞에 기록한 걸까요? 복식부기는 진실성을 추구하는 세계이기 때문입니다. 그래서 하늘의 은혜와 자신의 양심 앞에 아무리 작은 것 하나라도 결코 숨기지 않겠다는 맹세를 한 것입니다.

진실성의 원칙이란 '재무회계는 기업의 재무상태와 경영성과에 관해 진실한 보고를 제공해야 한다' 라는 원칙을 말합니다. 오늘날 전 세계 기업의 실무 회계는 모두 이 진실성의 원칙에서 출발합니다. 독일 주식법 제160조 4항에는 '주식회사는 양심적이고 충실한 설명의 원칙에 의해 영업보고서를 작성하여야 한다' 라는 원칙 조항이 있어요. 영국 회사법의 기본 이념에도 '진실하고 공정한 보고 원칙' 이 있습니다. '모든 회사는 적절한 회계장부를 비치해야 하고, 재무상태표와 손익계산서는 회사의 재무상태와 손익을 진실하고 공정하게 표시해야 한다' 라는 내용입니다.

여러분, 보부상이 뭔지 아시죠?"

"에…, 예전에 물건 팔러 돌아다니던 장사꾼들을 말하는 거 아닌가요?"

앞쪽에 앉아 있던 머리가 희끗희끗한 총무부장이 느릿하게 대답했다.

"네, 맞습니다. 보부상은 보상과 부상을 합친 말입니다. 정밀한 세공품이나 값비싼 사치품 등을 취급하던 장사치를 보상이라 했고, 조잡하고 유치한 일용품 등 가내수공업품을 취급하던 장사치를 부상이라 했습니다. 보상은 보자기에 싸서 들거나 질빵에 걸머지고 다니며 물건을 팔았고, 부상은 지게에 얹어 등에 짊어지고 다니면서 팔았어요. 그래서 보상을

'봇짐장수', 부상을 '등짐장수'라고도 불렀죠.

몇 년 전 한 텔레비전 드라마에서 이들의 이야기를 다루기도 했는데요. 보부상들이 상단을 꾸려 길을 떠나는 장면에서 앞세운 깃발에 '천은상길진'이라는 문구가 또렷이 새겨져 있었습니다. 이 드라마의 원작이 소설인데요. 김주영 작가의 《객주》라고, 읽어보신 분 많으시죠?"

여기저기서 "네" 하는 대답들이 들려왔다.

"네, 학생 때 많이들 읽으셨을 겁니다. 저도 의무감에 읽기 시작했는데, 다 읽은 뒤에는 벅찬 감동을 받았던 작품입니다. 1979년 6월부터 장장 4년 9개월 동안이나 〈서울신문〉에 연재됐던 대하 역사소설이죠. 주인공은 여기저기 떠돌며 살아가는 보부상입니다. 시대적 배경은 1878년부터 1885년경이고요. 보부상 집단의 끝없는 유랑을 통해 민중의 질퍽한 삶을 여과 없이 보여주면서, 조선 후기 상업 자본의 형성 과정을 진솔하게 그려냈죠.

여기, 고향이 경주인 분들도 계시지요?"

손을 드는 사람도 있고 고개를 끄덕이는 사람도 있었다. 자기 고향 얘기가 나오자 반가워하는 표정들이다.

"고향이 경주이시면 불국사는 몇 번쯤 다녀오셨을 텐데요.

불국사 석가탑은 고려 초인 1024년과 1038년 두 차례 지진으로 해체 보수했다는 기록이 남아 있어요. 그런데 1966년에 이 탑을 보수하다가 소중한 유물들을 발견했습니다. 11세기 회계 기록인 '십방불보살증명(十方佛菩薩證明)'이 탑 안에 보관돼 있었던 거예요. 이 문서는 '재물을 시주한 사람과 시주 내용을 쌀 한 톨도 속이지 않고 투명하게 처리한 것을 부처님이 증명한다'라는 내용입니다. 개성상인의 '천은상길진'이나 석가탑에서 나온 '십방불보살증명'은 회계의 투명성과 진실성을 강조한 것이라는 측면에서 일맥상통합니다.

이렇듯 우리 조상들은 천 년 전에도 시장에서나 사찰에서나 돈을 계산하고 기록할 때는 투명하고 진실하게 처리하기 위해 애를 썼습니다. 특히 개성상인들이 가지고 있던 깨끗하고 올바른 경영 철학은 지금의 기업인들에게 경종을 울리기에 충분합니다. 현재 많은 기업이 조상들의 이러한 정신을 까마득히 망각한 채 복식부기를 단순히 재무상태표와 손익계산서를 작성하는 기업의 언어로만 알고 있는데, 무척 안타까운 일입니다."

세계가 놀란 개성회계의 비밀

가장 많이 등장하는 글자는?

—

스크린에 다음의 글자가 떴다.

文(문)

"개성상인 회계장부에 가장 많이 나오는 글자가 바로 이것입니다. 무슨 의미일까요?"

서로 얼굴만 쳐다볼 뿐 선뜻 대답하는 사람이 없었다.

"당시 통화단위입니다. 회계장부이니만큼 통화단위가 가장 많이 등장하지 않겠습니까?"

약간의 시차를 두고 한차례 허탈한 웃음이 좌중을 휩쓸고 지나갔다.

"캐나다, 홍콩, 싱가포르 등은 모두 자국의 화폐 단위로 달러를 사용하고 있습니다. 그러나 일반적으로 달러라고 하면 미국의 화폐인 달러를 가리키죠. 이를 '$'라는 기호로 표시하는데요. 그러니까 '$'는 미국의 통화인 동시에 국제통화인 달러를 나타냅니다. '文'은 바로 이와 같은 의미로 사용된 글자입니다. 구리로 만든 화폐인 '전문(錢文)'의 약어가 바로 '文'

입니다. 복식부기에서 대변과 차변의 균형을 맞추는 데 전제가 되는 회계단위이자 통화단위였던 겁니다.

이 '文'은 고려만이 아니라 중국과 베트남, 유구국(지금의 오키나와)에서도 통화단위로 사용한 글자입니다. 고려의 강감찬 장군이 귀주대첩으로 거란군을 물리치고 전후 평화 질서를 확립하지 않았습니까? 이를 세계 학계에서는 '평등 속의 동아시아(East Asia Among Equals)'라고 일컫습니다. 고려는 동아시아에서 처음으로 전쟁을 종식하고 동아시아 전체는 물론이거니와 아라비아 지역과 이탈리아 로마에 이르기까지 국제 교류를 활발히 행한 국가입니다. 천 년 전에 이미 전문(錢文)이라는 통화단위로 동아시아 국제통화질서를 주도한 거예요. 이는 송, 거란, 금, 베트남, 유구에 걸쳐 동시대 세계에서 가장 광대한 영역을 포괄하는 통화질서였습니다. 오늘날 미국 달러가 주도하는 IMF 질서라고 인식하면 됩니다.

동아시아의 통화단위 '文'은 고려 500여 년과 조선 500여 년 등 천 년을 이어온 동아시아의 표준 질서였습니다. 한국·중국·일본이 원(圓)을 통화단위로 사용한 19세기 말까지 이어진 통화단위이자 회계단위였던 것입니다. 유럽에서도 베네치아를 중심으로 한 지역에서는 통화단위이자 회계단위가

'文'과 어원적으로 동일한 의미를 갖는 리라(Lira)입니다. 황해문명의 통화표시 '文'과 지중해문명의 통화표시 리라는 둘 다 복식부기의 대차평균 원리인 천칭저울의 눈금 표시를 그 어원으로 합니다. 황해 지역의 유구국, 베트남, 중국 등 여러 국가가 통화로서 '文'을 공유했던 것처럼 지중해 지역도 마찬가지였어요. 로마, 바티칸, 투스카니, 터키, 레바논, 시리아 지역이 모두 베네치아와 같은 리라를 통화단위로 사용했습니다.

최근 발굴된 회계장부에서 이 '文'자가 가장 많이 등장하는데요, '文'자와 함께 쓰인 글자를 찾아보면 현대 기업들이 사용하는 금융 용어가 연이어 쏟아집니다.

몇 가지 예를 들어볼까요? '여문(餘文)'은 영업 회계 기간에 발생한 '영업이익(income)'을 가리키는 말이고, '해문(害文)'은 '손실(loss)'을 나타내는 말이며, '변문(邊文)'은 '이자(interest)'를 의미하는 말입니다. 이처럼 회계장부에서 '文'자가 들어가면 돈을 뜻하는 용어가 됩니다. '환태문(換馱文)'은 '환어음 할인료(discount)'를 가리키며, '구문(口文)'은 흥정을 붙여주고 그 보수로 받는 돈, 즉 '중개수수료(brokerage commission)'를 일컫는 용어입니다. 이렇듯 개성상인들의 회계장부에는 현대 금융에서 사용하는 파생상품 용어까지 등장합니다."

유민이 리모컨을 누르자 다음 글자가 화면에 떴다.

음(音), 음신(音信), 음표(音票)

"개성상인들이 거래를 기록하는 데 사용한 회계 용어 중에는 구두 약속이나 약속 이행과 관련된 용어들이 많습니다. 음, 음신, 음표 등이 그 예입니다. 영어로 회계 감사를 '오디트(audit)'라고 합니다. 이 단어에는 '듣다', '청강하다'라는 뜻이 있지 않습니까? 미국 워싱턴에 가면 대부분의 공공건물 입구에 '법과 정의의 여신상'이 세워져 있습니다. 오른손에는 칼을 왼손에는 저울을 들고 서 있죠. 그런데 흥미로운 것이, 하나같이 눈을 안대로 가리고 있다는 것입니다. 이는 정의와 불의를 판정하는 데 사사로움을 떠나 공평성을 유지해야 한다는 걸 상징합니다. 눈에 보이는 것에 휘둘리지 않고 오로지 듣는 것에만 의지해 정의와 불의를 가른다는 것입니다.

균형을 잡는 것은 시각이 아니라 청각입니다. 법과 정의의 여신상을 만들 때 왜 눈을 가린 채 귀만 열어놓았는지를 이해한다면, 개성상인들이 말을 신용의 척도로 삼고 음 · 음신 ·

세계가 놀란 개성회계의 비밀

음표 같은 용어를 만들어 쓴 깊은 속내를 알 수 있게 됩니다.

예를 들어 쉽게 설명하려 해도 워낙 한자로 된 용어들이 많아서…, 좀 어렵나요?"

"괜찮습니다. 계속하십시오."

여기저기서 응원의 목소리가 쏟아졌다.

"감사합니다. 여러분, 어음 아시죠? 일정한 금액을 일정한 날짜와 장소에서 치를 것을 약속하거나 제3자에게 그 지급을 위탁하는 유가증권이지요. 은행에서 발행하는 어음 외에도 옛날에는 문방구에서 만들어 파는 어음까지 사용했었습니다. 지금은 기업 간 거래에서 현금 지급이 많이 정착됐지만, 한때는 어음 거래가 주를 이루기도 했습니다. 우리 회사는 재무구조가 튼튼해서 모든 거래처에 현금으로 결제해주는 것으로 알고 있습니다."

"오!" 하는 탄성이 쏟아져 나왔고, 앞자리에 앉은 임원진은 내심 흐뭇한 표정이었다.

"아까 말씀드린 것처럼 신용을 바탕으로 한 구두 약속이 글쓰기 약속으로 전환되면서 생겨난 것이 어음입니다. 우리나라에서 만들어진 전통적인 어음을 '어험(魚驗)' 또는 '음표(音票)'라고 불렀습니다. 전통적인 어음은 일정한 금액의 지급을 약속하는 표권(票券)이며, 신용을 본위로 하는 개성상인 사이에서 맨 처음 생겨났습니다. 어음 발행인 스스로 일정한 금액을 치르는 것을 약속어음이라 하고, 그 지급을 제3자에게 위탁하는 것을 환어음이라고 합니다.

어음은 보통 길이 6~7치와 너비 2~3치가량의 종이에 작성됐습니다. 한 치는 약 3.03센티미터입니다. 종이 중앙에 '출문(出文)' 또는 '출전(出錢)'이라고 적고 금액을 명시한 다음, '출급(出給)' 또는 '출차(出次)'라고 기입했습니다. 출문 또는 출전은 '얼마만큼의 금액에 해당한다'라는 것을 의미하고, 출급 또는 출차는 '지급하겠다'라는 의미입니다. 어음의 오른쪽 또는 왼쪽 윗부분에 작성한 날짜를 적은 뒤 그 밑에 채무자의 성명을 기입하고 날인했습니다. 지급기일이 기입된 것도 있고 그렇지 않은 것도 있었습니다. 어음이 작성되면 가운데를 지그재그 모양으로 절단하여 채무자의 기명이 있는 쪽인 남표(男票)를 채권자에게 건네고, 다른 한쪽인 여표(女票)를 채무자가 보관했습니다. 남표를 가진 사람이 지급을 요구하면 여표를 가진 사람은 어음의 남표와 여표를 맞춰본 후 돈을 지급했습니다."

스크린에 다음의 내용이 떴다.

"개성상인들의 장부를 펼치면 영화 〈다빈치 코드〉처럼 언뜻 보기에 난해한 코드들이 등장합니다. 지금부터 하나씩 살펴보려고 합니다. 먼저, 이런 기호들이 있는데요. 무슨 뜻인지 아시겠습니까?"

대부분 고개를 갸우뚱거리며 알 수 없다는 표정을 지었다.

"네, 세로로 선을 그은 다음 그 선을 관통해 가로로 'ㄱ'자를 그리면 '才' 모양이 됩니다. 이를 열기법이라 불렀습니다. 깃발을 세운 모양이라 해서 붙여진 명칭입니다. 이 열기는 일기장에 기입된 것이 받자(捧次, receivable)든 주자(給次, payable)든 대차 관계가 소멸할 때 이를 표시하기 위해 사용했습니다. 그러니까 서두에 이 표시가 돼 있는 항목은 대차 관계가 소멸한 것이라는 얘기입니다. 또한 세모 모양, 즉 한옥의 지붕처럼 생긴 '△' 표시가 있는 것은 채권과 채무가 소멸했음을 나타냅니다. 행획 또는 효주라고도 부릅니다. 이 모양은 청산이 완전하게 이루어진 계정에 표시하는 것으로 개성상인들은 이 표시를 하는 순간 마음을 깨끗이 청소한 것입니다.

복식부기의 원리는 대차평균으로 앞서 말한 정의의 여신이 들고 있는 균형자가 그 심볼입니다. 영어 '밸런스(balance)'는 라틴어에서 '마음의 치유(mental healing)'를 의미합니다. 따라서 이 심볼은 마음 청렴학, 또는 마음 청소학으로서 개성회계의 백미라고 보시면 됩니다. 이 심볼은 총계정원장장책, 곧 원장 장부에만 나타나는데, 타급장책이든 외상장책이든 주고받을 관계가 없어진 것을 의미합니다."

"처음 봤을 때는 대단히 어려운 암호처럼 느껴졌는데, 뜻을 알고 나니 상당히 재미있군요."

일기장에 빈번하게 나타나는 용어들

"그렇지요? 저도 처음 봤을 때 그런 느낌이 들었어요. 그랬는데 이런 표시를 만들어 사용한 조상님들의 모습이 떠올라 웃음이 나오기도 했어요.

지금 우리는 회계장부는 물론 일상생활에서도 뭔가 계산을 하거나 수치를 헤아릴 때 아라비아숫자를 사용합니다. 옛날 개성상인들은 어땠을까요? 전부 한자를 사용했을까요?"

"아마 그러지 않았을까요? 고려 시대니까 아직 한글도 없을 때고, 아라비아숫자도 아직 한반도에 건너오지 않았을 때니까요."

"그렇죠. 한글도 없고 아라비아숫자도 없었던 시기죠. 그렇다고 한자를 그대로 쓰진 않았고요, 한자를 응용해서 기호로 만들어 사용했습니다. 바로 이런 모양입니다."

모두 스크린으로 시선을 옮겼다.

"물품의 가격을 표시할 때 위에 있는 기호를 사용했습니다. 이는 산가지를 형상화한 것이라고 합니다. 숫자를 나타내는 이런 기호를 '표산(標算)'이라고 했습니다. 중국에서는 이를 '호산(胡算)'이라고 했는데 한마디로 '오랑캐 기호'라고 부른 것입니다. 중국인들은 고려를 언제는 동방중화지국(東方中華之國)이라고 찬미했다가 심사가 좋지 않으면 동이(東夷)라고 하기도 했죠. 복식부기에서 제일 중요한 숫자 표시를 '오랑캐 기호'라고 한 것은 중국이 복식부기 발상지가 아니라는 것을 시인하는 셈입니다. 개성상인들의 회계장부상에 '文' 자 다음으

로 많이 등장하는 것이 바로 이 기호입니다. 현재 한국은행, 우리은행, 신한은행 본점의 화폐사 박물관에 전시돼 있는 어음에도 이 같은 숫자가 가장 많이 눈에 띕니다. 점심시간에 한 번 들러보시기 바랍니다. 이 세 군데만 방문해도 금방 그 의미를 이해하실 수 있을 겁니다."

상(上)과 하(下)

"이 두 글자는 현금을 출납할 때만 사용했습니다. 현금이 출금됐을 때는 기입하는 줄의 맨 끝에 '下' 자를 적어 넣었고, 현금이 입금됐을 때는 기입하는 줄의 맨 끝에 '上' 자를 적어 넣었습니다. 이렇게 적어놓으면 나중에 현금의 출납을 계산할 때 아주 편리합니다."

입(入)과 거(去)

"그렇다면 '入'과 '去' 이 두 글자는 어떤 경우에 사용했을까요?"

"아마도… 물건이 오갈 때 사용했을 것 같은데요? 현금에

세계가 놀란 개성회계의 비밀

대한 표시가 따로 있으니까요."

첫 강의 이후 격려를 아끼지 않았던 홍보팀 손민지 대리가 앞쪽에서 또렷하게 대답했다.

"네, 맞았습니다. 정확합니다. 추리력이 정말 대단하시네요."

유민의 칭찬에 손민지 대리가 환한 미소로 화답했다.

"물품이 들어왔을 때는 기입하는 줄의 맨 앞에 '入' 자를 적어 넣었고, 물품이 나갔을 때는 기입하는 줄의 맨 앞에 '去' 자를 적어 넣었습니다. 물품이 특정 인물을 거쳐 들어오거나 나갔을 경우에는 그 인물의 성명을 먼저 기입한 후 '入' 자나 '去' 자를 적어 넣었습니다. 또한 대여한 돈이 들어오는 것을 '환입(還入)', 차입했던 돈을 지급하는 것을 '환급(還給)'이라고 했습니다. 아울러 본전 이상의 이익을 얻은 것을 '과입(過入)'이라고 불렀고, 본전 이하로 손해를 본 것을 '과거(過去)'라고 불렀습니다."

직방(直放)과 매득(買得)

"조금 어려운 한자가 등상했네요. 하지만 긴장하지 마세요, 뜻은 아주 간단합니다. 현금으로 물품을 판매한 경우 '직방(直

放'이라고 기입하고, 현금으로 물건을 매입한 경우 '매득(買得)'이라고 기입했습니다. 또한 현금을 '직전(直錢)'이라고 표기하기도 했습니다. 따라서 현금으로 물품을 사고판 경우니까 '直放'과 '買得'이 등장하는 줄에는 앞에서 소개한 '上'과 '下' 그리고 '入'과 '去'가 반드시 함께 표기돼야 했습니다. 이해가 되시죠?"

등자법(鐙子法) = └┘

"개성상인들이 매일매일 발생한 각종 거래의 내용을 빼곡하게 적어놓은 일기장을 보면 가끔씩 '└┘' 모양의 표식을 발견하게 됩니다. 이는 한 줄 이상의 내용을 기입할 때 사용하는 표식입니다. 모양새가 꼭 말을 탈 때 두 발로 디디게 돼 있는 '등자'를 닮았다고 해서 이를 '등자법'이라고 부릅니다. 현금을 기입하는 쪽이 아닌 상대방 쪽을 기입한 후에 이 표식을 사용해 묶습니다. 앞줄에 기재된 금액이 '入' 또는 '去'로 표시될 경우 다음 줄에는 앞줄의 금액을 반대로 기입하여, 전·후행의 금액이 일치했을 때 전·후행을 묶는 데도 이 표식을 사용합니다. 이렇게 하면 나중에 현금시재를 계산할 때나 참고

세계가 놀란 개성회계의 비밀

할 사항을 확인할 때 매우 편리하지요."

타점법(打點法)

"붓으로 점을 찍는 것을 타점법이라고 합니다. 이는 일기장과 장책에서 가장 많이 사용하는 기호입니다. 일기장에 기재된 내용을 장책으로 옮겨 적을 때, 다 옮겨 적은 줄은 맨 앞에 검은 점을 찍어 표시합니다. 헷갈리지 않게 하려는 것입니다. 마찬가지로 장책에서도 일기장에 기재된 내용을 장책으로 잘 옮겨 적었을 경우, 해당 줄 금액의 오른쪽에 붉은색 점을 찍어 표시합니다. 오류 없이 잘 옮겨 적었다는 확인입니다. 베낀 책이나 문서를 원본과 대조해서 꼼꼼히 살펴보는 것을 '고준(考准)'이라고 불렀고요."

우(又)와 내(內)

"같은 명칭이 반복하여 사용될 경우 다음 줄에 '우(又)'자를 적어 넣었습니다. 동일한 내용을 계속해서 적을 필요가 없었던 거죠. 알아볼 수만 있으면 되니까요. 사람 이름 다음 줄에

'又' 자가 있으면 앞줄에 기입한 사람과 같은 사람이라는 의미이고, 물품 명칭 다음 줄에 '又' 자가 있으면 앞줄에 기입한 물품과 동일한 물품이라는 뜻입니다.

그러면 '내(內)' 자는 어떨 때 적어 넣었을까요? 네, 상상하기가 쉽지 않죠? 이는 사개치부법에서 봉차(捧次, 자산)와 급차(給次, 부채)를 구별하기 위해 중간에 삽입한 표시입니다. 또한 봉차와 급차의 감소를 나타내기 위해 중간에 삽입하는 문자로도 쓰였습니다."

스크린에서 눈을 돌려 정면을 바라보면서 유민이 말을 이었다.

"지금까지 개성상인들의 일기장에 나타난 중요한 용어와 기호들을 살펴봤습니다. 처음 볼 때는 굉장히 난해해 보이지만 뜻을 알고 찬찬히 생각해보면 의외로 간단하면서도 재미있지 않습니까? 이 같은 회계 용어와 기호 하나하나에도 개성상인들의 깊은 고뇌와 철학이 고스란히 반영돼 있는 것 같습니다."

받자질과 주자질로 기록하는 재무상태표

"지난 시간에 말씀드린 내용을 잠깐 떠올려주시기 바랍니다. 개성상인들이 고안해낸 복식부기인 사개송도치부법은 대변과 차변에 해당하는 계정을 음양사상에 입각해서 주는 자, 받는 자, 주는 것, 받는 것, 이렇게 네 가지 요소로 나눠 장부에 기록했다고 했지요? 이 네 가지 요소를 사개라고 부르는데, 자산에 해당하는 봉차와 부채에 해당하는 급차, 그리고 이익과 손해로 이루어져 있다고 했습니다. 이를 각각 받자질(捧次秩, receivable a/c), 주자질(給次秩, payable a/c), 이익질(利益秩, profit a/c), 소비질(消費秩, expense a/c)이라고 불렀습니다. 그러면 여기서 당연히 질문이 나갑니다. '질'이라는 말이 무슨 뜻일까요?"

질(秩)이란 무엇인가?

"군것질, 고자질 등에 붙는 말과 같은 것 아닐까요?"

"아, 그렇게 생각할 수도 있겠군요. 하지만 아쉽게도 정답은 아니네요. '질'은 이두(吏讀)로서 일종의 특수 문자입니다. '질서'할 때 그 '질'자로, 사전적으로는 '차례, 차례로 쌓아

올리다, 정돈하다' 라는 뜻이 있습니다. 사개송도치부법에서는 재화를 종류별로 구별하기 위해 사용된 것으로 지금의 '계정' 을 가리키는 말입니다. 일테면 '받자질' 은 '받자 계정' 이 되는 거죠. 사개송도치부법만이 아니라 조선 왕실에서 사용한 회계 일기장에도 이 용어가 등장합니다. 들어온 물품이든 나간 물품이든 물품 종류별로 '질' 자가 붙습니다. 마포면 마포질, 백목이면 백목질이라고 합니다. 무형 물질도 마찬가지입니다. 어험(어음)질, 이익질, 공용질 등으로 쓰입니다. 받자질, 주자질, 이익질, 소비질 이 네 가지가 바로 사개입니다.

사개송도치부법으로 작성된 회계장부 중 가장 중요한 것은 매일매일 발생한 거래 내역을 빠짐없이 정확하게 기록한 일기장(日記帳)과 자산을 기록한 받자장(捧次帳), 즉 외상장책(外上長冊), 그리고 타인자본(부채)을 기록한 주자장(給次帳), 즉 타급장책(他給長冊)입니다. 사개송도치부법에는 별도의 현금출납장이 없습니다. 일기장이 현금출납장 기능도 맡아 하기 때문입니다. 각 장부는 일기장을 기점으로 하여 작성되기 때문에 일기장은 각 장부의 기초가 됩니다."

받자질과 주자질

세계가 놀란 개성회계의 비밀

"여러분, 재무상태표 잘 아시죠?"

유민이 천천히 강당을 둘러보며 이렇게 질문을 던졌지만 안다는 건지 모른다는 건지 반응이 희미했다. 사실 재무상태 표라는 것 자체야 모를 리 없지만 누구도 잘 안다고 생각지는 않을 것이다.

"심각하게 생각하실 것 하나도 없습니다. 기업의 재무상태 표는 개인으로 치면 자신을 나타내는 이력서와 같습니다. 일 정 시점에 기업이 보유하고 있는 경제적 자원인 자산과 경제 적 의무인 부채, 그리고 자본에 대한 정보를 회계 언어를 이용 해 정보 이용자들에게 상세하게 제공하는 재무보고서니까요. 정보 이용자들은 재무상태표를 들여다보면서 이 기업의 총자 산 규모가 얼마나 되는지, 기업의 안정성은 어떤지, 기업의 재무구조가 양호한 편인지, 적절한 유동성은 확보하고 있는 지 등을 평가합니다. 재무상태표는 차변과 대변으로 구성돼 있지요. 차변의 자산은 자금이 어떻게 사용되고 얼마나 남았 는지를 보여주고, 대변의 부채와 자본은 자금이 어떻게 조달 됐는지를 알 수 있게 해줍니다. 대차평균의 원리에 의해 총자 산의 합계는 항상 총부채와 총자본의 합계액과 일치해야 합 니다.

자, 그렇다면 개성상인들은 재무상태표를 어떻게 작성했을까요?"

분위기를 좀더 부드럽게 바꾸기 위해 질문을 던졌지만 자신 있게 대답하고 나서는 사람은 없었다.

"단순하게 생각하시면 됩니다. 개성상인들은 대표적 재무제표인 재무상태표를 '받자질(捧次秩)'과 '주자질(給次秩)'로 양분하여 대조했습니다. 자산 계정의 위치에 받는 자와 받는 것, 즉 받자질을 놓고 부채와 자본 계정에 주는 자와 주는 것, 즉 주자질을 배치하여 자본을 부채로 인식한 것입니다. 오늘날 서양의 재무상태표가 받을 권리 계정(receivable a/c)과 갚을 책임 계정(payable a/s)으로 단순히 양분하는 형태로 되어 있는 것과 매우 유사합니다. 받자장(외상장책)은 오늘날 재무상태표 차변의 자산 총계정원장을 가리키며, 주자장(타급장책)은 오늘날 재무상태표 대변의 부채·자본 총계정원장을 가리킵니다.

개성상인들은 '다음에 받을 것(봉차)'과 '다음에 줄 것(급차)'을 구별했습니다. '차(次)'란 이두 문자로서 '자'라고 발음하며, '다음'이란 뜻을 가지고 있습니다. 예를 들어 한자로는 '봉차(捧次)'라고 쓰지만 발음은 '받자'라고 했습니다. '다음에 받아야 하는 것(receivable)'이라는 뜻으로 영어의 'will

세계가 놀란 개성회계의 비밀

have'와 일맥상통합니다. '급차(給次)'도 마찬가지로 '주자'로 발음하며, '다음에 주어야 하는 것(payable)'이라는 뜻이 돼 영어의 'will give'와 같습니다.

이와 같이 개성상인 분개 기록의 특징은 거래가 발생하는 현재 시점에 이미 미래에 행해야 할 행위를 함께 표기했다는 겁니다. 하지만 베네치아상인의 분개 기록에는 미래와 현재를 동시에 인식하는 용어가 눈에 띄지 않습니다. 루카 파치올리의 일기장에서 차변 계정 요소와 대변 계정 요소를 'Per'와 'A'로 구별했다는 말씀, 지난번에 드렸지요? 그렇지만 'Per'와 'A'에서 미래와 현재 시제를 찾을 수는 없습니다.

사개의 개념은 복식부기가 가지고 있는 손익 계산의 목적을 위해 동서양 모두 필요로 했던 개념입니다. 표현 방법에서 서양은 자산, 부채, 자본, 수익, 비용 등 다섯 가지 요소로 표현했고, 개성상인들은 받자질, 주자질, 이익질, 소비질 등 네 가지 요소로 표현했던 것입니다. 서양 복식부기에 있는 자본이 개성상인들의 복식부기에 나타나지 않은 이유는 경제적 여건의 차이 때문이라고 해석할 수 있습니다. 서양 복식부기의 재무상태표가 '자산 + 비용 = 부채 + 자본 + 수익'이라는 방정식을 가지고 있었던 것처럼 개성상인들의 복식부기 역시

'받자질 + 소비질 = 주자질 + 이익질' 이라는 방정식을 가지고 있었다고 보시면 됩니다.

그런데 지금까지 세계 어느 나라에서도 발견되지 않은 특이한 점이 개성상인들의 장책에서 발견됐습니다. 유럽에서는 재무상태표의 대변 계정을 타인자본(liability)과 자기자본(equity)으로 구분하지만 미국은 이를 구분하지 않고 단순히 '받을 권리(receivable right) = 지급책임(payable responsibility)'으로 인식합니다. 놀랍게도 개성상인들은 오늘날 미국의 재무상태표 균형식처럼 자기자본과 타인자본 구분 없이 모두 타급장책으로 분류하고 있습니다. 다시 말해서 타인자본과 자기자본을 모두 부채로 인식하고 있다는 것입니다."

구분하지 않는 타인자본과 자기자본
—

타인자본과 자기자본

"그렇다면 타인자본은 뭐고, 자기자본은 뭘까요?"

세계가 놀란 개성회계의 비밀

"그 정도는 알죠. 타인자본은 기업 외부에서 들여온 자본이고, 자기자본은 총자산에서 부채를 뺀 순자산을 의미하는 것 아닙니까?"

"오!"

마케팅 1팀 최명민 팀장이 망설임 없이 대답하자 좌중의 시선이 일제히 그에게 쏠렸다. 일부에서는 감탄사를 쏟아내기까지 했다.

"네, 정확히 알고 계시네요. 그렇습니다. 기업의 자본 가운데 외부에서 조달한 자본을 타인자본이라고 합니다. 쉽게 말하면 다른 사람의 돈이라는 뜻이죠. 이에 비해 자기자본은 기업의 자본인 총자산에서 부채를 차감한 순자산을 가리킵니다. 영어로는 '오너스 캐피털(owner's capital)', 다시 말해 기업가의 돈을 의미합니다. 같은 자본이지만 자기자본은 변제 의무나 기한이 없고 이자 부담도 없는 반면, 타인자본은 변제 의무와 기한이 있고 꼬박꼬박 이자를 내야 하는 부담이 있습니다. 타인자본에는 장기나 단기 차입금, 지급어음, 외상매입금, 사채 등이 있습니다. 따라서 기업의 총자산 가운데 자기자본이 많으면 많을수록 재무구조가 튼튼한 우량기업이라고 할 수 있습니다. 엄밀히 말하면 타인자본은 부채와 전혀 다를 바가 없지만 이를 굳이 부채와 구별해서 쓰는 이유는 타인자본도 자기자본과 같이 기업이 소유한 자본 중 일부로 봐야 한다는 사고방식 때문입니다.

하지만 개성상인들은 그렇지 않았습니다. 지난 시간에 박영진 씨가 소장하고 있던 개성상인 회계장부에 대해 이야기한 적 있죠? 거기 보면 '받자자산(외상장책) = 주자부채(타급장책)'의 회계 균형 방정식이 분명히 드러나는데, 특별히 자본 소유자가 나타나 있진 않습니다. 1887년도 타급장책에는 자본 소유자 주인이 최초로 투자한 자기자본과 남에게 빌린 타인자본이 일목요연하게 정리돼 있습니다. 문서 상단의 지붕 모양 기호들 밑에 주인집 이름인 발곡택(鉢谷宅)과 함께 채권자들의 이름이 나열돼 있는 겁니다. 개성상인들의 회계장부에는 자본금 계정이 따로 존재하지 않습니다. '자산 = 부채' 였던 거죠. 왜 그렇게 했던 걸까요? 자기자본을 자기의 소유로 간주하지 않고 다른 사람으로부터 빌려온 돈이라고 생각했기 때문입니다. 이상의 내용을 정리한 것이 강의 자료에 나와 있는 다음의 표입니다."

세계가 놀란 개성회계의 비밀

재무상태표 균형식(Balance Sheet equation)	
자본 소유주 이론 (proprietorship theory)	자산(assets) − 부채(liabilities) = 자본(proprietorship)
기업 실체 이론 (entity theory)	자산(assets) = 투자(investment)
개성상인	받자(assets) = 주자(liabilities)
미국	receivable asset = payable liabilities

"여러분, 개성의 특산품 하면 뭐가 제일 먼저 떠오르시나요?"

"인삼이요!"

"네, 그렇죠. 누구나 인삼을 떠올리실 겁니다. 개성 지역의 특산품을 고려 인삼이라고도 부릅니다. 한반도에서 재배되는 인삼 중에서 가장 효능이 좋다고 알려져 있습니다. 한반도에서 인삼이 재배된 건 삼국 시대 때부터인데, 통일 고려 왕국이 등장하면서 한반도에서 생산되는 인삼이 고려 인삼으로 불리게 됐습니다. 원산지인 개성은 토질과 수질과 기후 조건 등이 인삼 재배에 적합한 데다 일찍부터 재배 방법과 가공법이 발달해 약효가 우수하기로 정평이 났답니다. 특히 고려 시대에 국제무역이 활발하게 이루어지면서 개성 인삼이 해외로 널리 퍼져 나갔고요. 이후 외국에서도 '개성 고

려 인삼' 하면 최고의 상품으로 알아주게 됐죠. 하지만 이로
인해 일제강점기 때는 일본 장사꾼들의 약탈에 시달리기도
했습니다."

"그런데 자본 이야기를 하다가 왜 갑자기 인삼 이야기를 하
는지 궁금하시죠? 인삼 재배는 종자 선별에서부터 발아, 이
식, 추수까지 꼬박 6년의 시간이 필요합니다. 따라서 6년이란
긴 세월 동안 돈을 투자한 자본 소유자의 존재감보다는 이 6
년이라는 영업 기간에 참여한 모든 사람의 주장(권리)과 의무(책
무)의 균형을 잡아주는 중간자의 위상이 부각될 수밖에 없었
습니다. 복식부기 방정식에서 자본 소유자가 뚜렷이 부각되
는 '자산 − 부채 = 자본' 보다는 '자산 = 부채'로 자기자본과
타인자본을 구분하지 않고 회계장부를 쓰는 게 더 편리하고
합리적이었던 겁니다.

6년근 인삼의 제조 판매처럼 장기 자본을 대규모로 조달해
야 하는 경우에는 협력 실체를 중심으로 '투자자산 = 부채'라
는 방정식을 사용함으로써 타인에게 빌려온 돈이나 자기가

투자한 돈이나 다 함께 부채로 인식한 것입니다. 이렇게 해서 삼포(參圃), 즉 인삼을 재배하는 밭 단위로 비용과 수익을 개별적으로 계산하여 수입을 확정하게 됐습니다. 독립된 삼포를 '도중(都中)'이라고 하는데요. 이들의 소득 창출에 집중된 회계처리가 중요해짐에 따라 투하된 자본이나 빌려온 채무는 액수가 문제가 아니라 일정 기간 얼마나 많은 수익을 창출하여 자본의 기회비용으로서 장기 이자율을 웃도는 이윤율을 올리는가가 주요 관심사가 된 거죠.

그리고 여기서 루카 파치올리가 또 한 번 등장합니다."

유민은 잠깐 숨을 돌리며 물을 한 모금 마셨다. 문득 말이 너무 빠른 건 아닌가 하는 생각이 들었다.

"루카 파치올리가 정립한 복식부기는 자본 소유주에게 초점을 맞추고 있습니다. 모든 회계의 목적은 자본 소유주의 순자산 평가와 분석에만 집중하고 있습니다. 자본주 이론은 회계를 철저히 소수의 이해관계자만을 위한 것으로 스스로 한정합니다. 그러나 회계에 대한 사회적인 갈구가 늘어남에 따라 회사를 더는 자본주 마음대로 운영할 수 없게 됐습니다. 사회가 변하면서 회사도 변한 거죠. 임금 소득자의 권리가 점점 커졌고, 이에 따라 자본 출자액보다 임금 계정의 비용과 수익

평가가 점점 더 중요해졌습니다. 한마디로 소수의 이해관계자와 자본 소유자 중심의 재무제표가 다수의 이해관계자와 종업원 중심의 재무제표로 광범위하게 확산된 것입니다. 다수의 이해당사자와 경영자 간의 의사소통에 회계는 필수가 됐습니다.

재무상태표에서 자기자본의 소유 의식을 지워버린 것은 사고의 획기적인 전환이라고 할 수 있습니다. 이 사고의 전환은 소유와 경영의 분리로서 기업체로 하여금 소유 의식을 버리고 오직 경영에만 전념케 하는 데에서 출발합니다. 개성상인들의 회계장부를 보면 자본 소유자가 존재하지 않습니다. 자본 출자자의 이름이 계정으로만 존재합니다. 그것도 대부분 여성들입니다. 회계장부의 제목은 삼포 경영자의 실명으로 오늘날 법인명만 등장합니다. 20세기 미국 문명이 주도한 이른바 관리혁명이 이미 개성상인들에 의해 일어나고 있었던 것입니다.

이를 주도한 것이 6년근 인삼 제조입니다. 조선 후기에 이르러 개성상인들의 회계처리는 단순히 물건을 사고파는 상업회계를 넘어 물건을 제조하고 판매하는 제조 판매 영역으로 확대됐습니다. 산업 이윤을 창출하는 실체로서 '도중'이 회계의 중심이 된 것입니다. 삼포 도중이란 인삼밭을 운영하는 기업의 실체이며, 삼포 도중 회계란 삼포 운영의 과거·현재·미래에 관한 모든 거래를 기록하는 체계였습니다. 최고의 약효를 보장하는 6년근 인삼을 만들기 위해 6년이라는 긴 세월의 미래를 현재 시점에서 내다보고 준비하고 관리해야 하는 혁명적인 회계가 요구됐던 것입니다."

현대 기업회계의 바이블, 주회계책과 각인회계책

"지금까지 발견된 개성상인들의 회계장부에서 특별히 주목받는 게 있는데, 바로 주회계책과 각인회계책입니다. 매일매일 발생한 거래 내역을 매년 주기적으로 한 장짜리 요약 보고서로 만든 것이죠. 주회계책은 오늘날 재무제표, 즉 재무상태표와 손익계산서라고 불리는 회계보고서를 말합니다. 주회계책과 각인회계책은 구체적으로 어떻게 작성됐을까요?"

주회계책(周會計冊)과 각인회계책(各人會計冊)

"주회계책은 여러 자회사를 총괄하는 그룹 헤드쿼터의 최종 요약 보고서 한 장을 매년 작성하여 책으로 만들어놓은 것이라고 보면 됩니다. 각인회계책은 그룹 내의 여러 자회사가 각자 독립된 개별 영업활동 내용을 최종 요약해 한 장짜리 보고서로 정리해서 책으로 묶어놓은 것입니다. 총괄 재무보고서는 자회사별 재무보고서와 연결돼 작성됐는데, 자회사별 재무보고서는 손익계산서만 서로 연결돼 있습니다. 각인회계책 속의 회계 기록은 오늘날 금융회계에 종사하는 사람들이 봐도 감탄을 금치 못할 정도로 매우 정교하게 작성돼 있습니다. 자본의 기회비용을 인식하고 각자 독립된 기업의 실체 회계를 실무적으로 개발한 세계 최고 수준의 장부라고 할 수 있습니다. 이를 정밀히 검토한 학자들은 이 회계장부를 현대 기업회계의 바이블이라고 극찬하고 있습니다.

복식부기 방정식은 루카 파치올리가 정립한 대로 '자산 = 부채 + 자본' 입니다. 그런데 1818년 크롬헬름은 이 기본 프레임을 토대로 소유주 이론을 만들어냈습니다. 즉 차변의 자산은 포지티브 소유이고, 대변의 부채는 네거티브 소유로서 그 차액이 실질적 가치를 향해 움직이는 소유주의 자본이라는 것입니다. 그의 방정식을 요약하면 다음과 같습니다."

적극적 재산(positive property) — 소극적 재산(negative property) =
소유주 자본(stock)

"이를 보면 자본 소유주가 처음부터 끝까지 회계의 전 과정을 지배합니다. 회계장부상에 소유와 경영의 분리가 나타나지 않는 것입니다. 하지만 각인회계책에서는 소유와 경영의 분리가 회계장부상에 완전한 모습으로 등장합니다. 각인회계책에는 자본 소유가 드러나지 않는데요, 개성상인들에게 자기자본은 존재하지 않기 때문입니다. 앞서 말씀드린 것처럼 자기자본금을 타인자본으로 인식합니다. 소유와 경영이 분리돼 부채와 자본의 구별을 없애는 것이 현대 회계 조류인데, 개성상인들은 오래전에 이미 이를 실천한 것입니다.

박영진 씨가 소장한 회계장부에서 각인회계책에 나타난 삼포 경영 관련 회계처리를 보면 지배회사와 종속회사가 각기 독립된 회계 결산을 한 걸 알 수 있습니다. 이들은 각각의 삼포별로 독립된 개별 도중입니다. 지금의 재무상태표에 해당하는 주회계책의 '봉급차대조표'와 손익계산서에 해당하는 '회계짐작초(會計斟酌抄)'는 참가한 삼포 도중 전체를 총괄하여 일괄 표시한 것입니다. 개별 삼포 도중 사이의 거래를 상쇄하고 '효주(爻周)' 해나가면서 그 잔액만을 통합한 것이므로 오늘 날 연결재무상태표와 연결손익계산서라고 할 수 있습니다. 효주가 뭔지는 다 아시죠? 장부에 '△' 표시를 해서 채권과 채무가 소멸했음을 나타내는 걸 말합니다."

거미줄 같은 삼포 경영 회계처리 네트워크

"삼포와 삼포 사이에는 삼의 종자를 심는 밭인 종삼포(種蔘圃)에서부터 2년·3년·4년·5년·6년근 삼포와 가끔은 7년 근 삼포까지 오가는 모든 거래가 긴밀히 연결돼 나타납니다. 거미가 움직일수록 거미줄 망이 촘촘하게 확대되듯 생산 기 간이 늘어날수록 점점 더 긴밀해져요. 건축물이 올라가는 과 정에서 자재 납품과 인건비 등 모든 비용이 투하된 자본의 원 가를 구성하듯이 조밀하게 짜인 망으로 회계처리가 연결되는 것입니다. 이 같은 회계 정보는 합리적인 가격이나 고용 임금 수준을 결정하는 데 유용할 뿐 아니라 삼포와 삼포 사이에서 이루어지는 거래의 지급 방법과 받을 방법에 대해 연계된 회 계처리, 즉 상계(相計) 처리가 가능하도록 해줍니다.

개성상인 일기장에 빈번히 등장하는 용어가 어음의 상계

세계가 놀란 개성회계의 비밀

처리인데요. 미국 뉴욕에는 선물의 매입자와 매도자 사이에서 거래 이행을 보증하고 거래 종료 시까지 계약을 관리하는 '클리어링 하우스(clearing house)', 즉 청산소가 있습니다. 자본주의 사회의 빨래방이라 할 수 있어요. 상계란 거래의 청산이며, 상계 계정은 청산이 진행되는 집, 곧 클리어링 하우스를 의미합니다.

개성상인들의 자산 계정과 부채 계정을 모아놓은 총계정원장을 펼쳐보면 모든 계정이 차변과 대변으로 이중 공간을 갖추고 있으며, 모든 거래가 깨끗이 청산됐다는 표시로 이중의 횡선 표시가 있습니다. 계정별로 한옥의 지붕 모양을 그려 넣어 깨끗이 청소된 집, 즉 '주비(矣)'라는 표시를 하고 있는 거죠. '주비'는 육의전(六矣廛)의 '의(矣)'자를 가리킵니다. 육의전은 조선 시대 독점적 상권을 부여받고 비단, 면포, 명주, 종이, 모시, 어물 등 여섯 종류의 상품을 팔던 국가 공인 상점을 말하죠. 주비가 육의전에서 왔다는 것은 개성상인의 계정 이론이 집이라는 공간에서 나온 것임을 이해할 수 있습니다. 뉴욕의 청산소와 같은 일을 상계 계정을 통해 처리한 것입니다.

개성상인들의 회계 정보는 투자자에 대한 외부 보고 자료가 아닌 내부 의사결정 자료로서 회계처리가 제공할 수 있는 유용한 정보가 훨씬 풍부하게 생성됩니다. 현대 회계의 주요 기능인 기업 경영 분석 자료가 생성·공급되는 것이 삼포 경영 자료에서 나타나는 특징이라고 할 수 있습니다. 삼포 경영 자료는 거래 발생 순서대로 기입된 일기장의 인삼 제조 과정 거래와 오늘날 제조원가 계정에 해당하는 외상장책의 삼포별 종삼 구입비, 그리고 삼포 조성에 투입되는 재료비와 노무비 계정을 중심으로 직접 원가를 계산할 수 있는 경영 정보를 제공합니다. 이를 통해 복식부기 시스템 아래서 원가 계정이 어떻게 삼포 도중별로 일기장과 외상장책 그리고 주회계책에 각각 분개되고 전기되며 요약돼 있는지를 체계적으로 추적할 수 있습니다. 다시 봐도 대단히 과학적이고 합리적이라 할 수밖에 없습니다."

주인에게 금궤를 넘겨주고 현금 흐름을 중시하다
—

월급은 누구에게로?

"여러분, 우리 회사 월급날이 언제죠?"

"25일입니다."

눈에 띄지 않던 전상인 팀장이 가운데쯤에서 큰 소리로 외쳤다. 웃음소리가 들렸다.

"네, 전상인 팀장님 감사합니다. 25일, 정말 기다려지는 날이죠. 그런데 여러분, 월급이 누구 통장으로 들어가나요?"

"집사람 계좌로 송금됩니다. 저는 한 푼도 만져보질 못해요."

누군가가 푸념 섞인 목소리로 대답했고, 자기도 그렇다는 사람이 꽤 있었다.

"그렇습니다. 결혼하신 남자분들은 아내 계좌로 월급이 전액 송금되니까 옛날처럼 월급봉투 받아보는 즐거움이 사라졌을 겁니다. 대신 결혼하신 여자분들은 두 사람 몫의 월급이 본인 계좌로 들어오니까 그다지 싫지 않으실 겁니다. 저같이 아직 결혼하지 않은 사람들은 부모님께 맡기거나 본인이 알아서 관리하지만 아무래도 어설픈 구석이 많죠."

남자 직원과 여자 직원의 표정이 확실히 달랐다. 하지만 내가 받든 아내가 받든 상관없이 월급 얘기는 모두의 얼굴에 웃음기를 더해주었다.

"자, 유부남 여러분, 너무 억울해하지 마십시오. 개성상인

들은 일찍이 모든 돈을 아내에게 맡기고 타서 쓰는 일을 생활
화했습니다. 개성상인들의 아내는 집안의 경제권은 물론 사
업체의 재정권도 통째로 움켜쥐고 있었습니다. 아, 이거 정말
부러운데요. 안 그렇습니까?"

"너무 부러워요!"

여성 직원들이 열렬히 한 목소리로 외쳤다.

금궤환거(金櫃還去)와 금궤환입(金櫃借入)

"박영진 씨 소장본 회계장부를 들여다보면 남편은 그야말
로 바깥사람이고, 주인은 아내라는 사실을 알 수 있습니다.
안방마님이 안채를 차지하고, 남편은 손님이 머무는 사랑채
에 거주하는 빈객인 셈입니다. 남편은 최고의 인삼을 수확
해 보다 많은 이윤을 내기 위해 6년 동안이나 삼포를 관리
합니다. 그렇게 번 최종 이익금을 자신의 돈이 아니라 아내
의 돈으로 회계처리했습니다. 그냥 아내에게 맡긴 것이 아
닙니다. 6년 동안 믿고 기다려준 보상으로 이자까지 붙여서
돌려줬습니다. 자본의 기회비용까지 인식하고 현금을 돌려
준 것입니다.

세계가 놀란 개성회계의 비밀

개성상인들이 최종 이익금을 집으로 가져가 아내가 관리하는 현금 상자에 다시 넣어 회계처리하는 것을 금궤환거라고 합니다. 금궤로 돌려보낸다는 뜻으로 수입과 지출을 마감한 잔고를 장부에 올려 적는 일을 가리킵니다. 이후 새로운 영업 활동을 위해 돈을 다시 꺼내야 할 경우 반드시 아내에게 물어보고 허락을 받았습니다. 이를 금궤환입이라고 합니다. 금궤에서 꾸어 들인다는 뜻으로 잔고를 수입으로 장부에 올려 적는 일을 가리키죠.

개성상인들은 왜 이렇게 한 걸까요?"

이 질문에 대해서도 남녀의 답변이 갈렸다.

"개성 여자들이 하도 억세서 그랬을 것 같아요."

"개성 남자들이 본래 매너가 좋고 멋쟁이라서 그런 것 같습니다."

"네, 다양한 의견이 있군요. 현대 기업가에게 가장 중요한 회계 철학은 금은보화를 차지하고 소유하려는 소유 의식이나 권리 의식에서 벗어나 주인에게 금궤를 넘겨주고 자신은 아무 권리나 의무가 없는 중립적인 위치에서 현금 권리와 현금 책임의 균형을 유지하는 것입니다. 개성상인들은 오늘날 기업가들에게 요구되는 이 같은 회계 철학을 가지고 있었던 거죠. 현금을 현금 상자로 인식하는 철학을 고려 시대 때부터 숙지하고 있었던 겁니다.

그들은 당일 현금이 시재액으로 남아 있으면 이를 금궤에 넣어두고 '현금 상자로 돌아갔다' 라는 뜻으로 '금궤환거' 라고 기입했어요. 그리고 다음 날 다시 현금을 꺼낼 때 '현금 상자에서 빌려왔다' 라는 뜻으로 '금궤환입' 이라고 기록했습니다. 아내에게 모든 현금의 권리를 믿고 맡겼습니다. 개성상인 집 안방마님의 거처에는 반드시 돈 궤짝, 즉 현금 상자가 있었습니다. 이것을 영어로 표현하면 '케이스(case)' 입니다. 현금 상자를 의미하는 '케이스' 에서 현찰을 의미하는 '캐시(cash)' 가 파생된 거예요.

기업은 경제가 오가는 거래의 플랫폼일 뿐입니다. 오늘날 현금은 궤짝 안에 가두어둔다는 의미는 사라지고 지구 곳곳을 날아다니는 존재가 됐습니다. 현대 회계 역시 재무제표 작성과 현금흐름표 작성을 융합하는 방향으로 흐르고 있습니다. 현대 기업은 수익을 창출하는 활동이 서로 다르더라도 매일매일 현금을 필요로 합니다. 전쟁에서 항공모함이나 미사일 또는 탱크 같은 장비가 아무리 막강하더라도 이를 움직이는 실질적인 힘은 연료나 화약에서 나옵니다. 군인이 아무리

세계가 놀란 개성회계의 비밀

좋은 총을 가지고 있더라도 실탄이 없으면 아무 소용 없듯이 기업은 영업활동을 수행하고, 채무를 상환하며, 투자자에게 수익을 분배하는 모든 활동에서 현금을 필요로 합니다. 따라서 현대 회계에서 가장 중시하는 것이 바로 현금의 흐름입니다. 이를 누구보다 잘 알았던 사람들이 바로 개성상인들이었던 겁니다.

오늘 제 말씀은 여기까지 드리겠습니다. 긴 시간 경청해주셔서 대단히 감사합니다."

두 번째 강의까지 탈 없이 마친 유민은 좌중을 향해 깊이 허리를 숙였다.

뜨거운 박수가 터져 나왔다. 진심 어린 격려가 느껴졌다. 그녀는 하마터면 울컥, 눈물을 쏟을 뻔했다. 뒷자리에 앉아 있던 인턴 동료들이 강당 앞으로 모여들었다.

"수고했어. 갈수록 잘하는걸. 전문 강사로 나가도 되겠어. 자, 오늘은 이따 퇴근 후에 시원하게 치맥 어때? 연장자로서 내가 한턱 쏠게."

이상우 씨가 아빠 미소를 날리며 치고 들어왔다.

"좋죠. 오늘은 칼퇴근하는 겁니다."

제일 나이 어린 조주영 씨가 반색을 했다.

하지만 유민은 생맥주 한 잔을 겨우 마시는 둥 마는 둥 하다가 서둘러 회식 자리를 빠져나왔다. 얼른 집에 가서 아버지께 과외 수업을 받아야 하기 때문이다. 다음 강의 내용은 우리나라 회계의 역사에 관한 것이었기에 더 긴장할 수밖에 없었다. 자신 없는 분야였다.

그녀가 헐레벌떡 현관문을 열고 들어서자 유건철은 이미 거실 탁자 위에 각종 자료를 펼쳐놓고 들여다보고 있었다. 어머니가 그녀를 맞았다.

"밥은 먹었니?"

"네, 직원들하고 같이 먹었어요."

"그럼 숨 좀 돌리고. 과일 깎아줄 테니 먹어가면서 쉬엄쉬엄해라."

"네, 엄마. 아버지, 잠깐만요."

"그래, 오늘은 좀 늦게까지 공부하자. 내일 저녁때는 내가 약속이 있어 수업을 못 하거든."

"네, 아버지. 옷 갈아입고 금방 나올게요."

정직과 투명성이 핵심인
한국 회계

3강

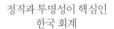

정직과 투명성이 핵심인
한국 회계

"안녕하십니까? 유민입니다. 벌써 세 번째 시간이 됐네요. 오늘은 우리나라 회계의 역사를 간략히 살펴보려고 합니다. 재미있는 내용이니까 편하게 들으시면 됩니다. 여러분, 개성을 대표하는 문화재나 역사적 유물 하면 어떤 게 맨 처음 떠오르시나요?"

"서경덕과 황진이요!"

기다렸다는 듯 대답이 터져 나왔다.

"서경덕과 황진이, 박연폭포와 함께 송도삼절로 유명하죠. 하지만 문화재는 아니지요? 땡!"

"선죽교요!"

곧바로 다른 대답이 이어졌다.

"딩동댕! 선죽교는 개성을 대표하는 문화재이자 역사적 유

세계가 놀란 개성회계의 비밀

물이라 할 수 있습니다. 고려를 창건한 왕건이 919년 송도 시가지를 정비할 때 축조한 것으로 추정되는 돌다리입니다. 고려 말 정몽주가 이성계를 문병하고 오다가 훗날 태종이 된 이방원 일파에게 철퇴를 맞고 죽임을 당한 곳이죠. 고려가 멸망하고 조선이 개국되는 역사적 대변혁을 상징하는 장소입니다."

즉위식에서 회계장부를 인수한 세종대왕

고려의 멸망과 조선의 개국

"고려는 수도인 개성을 중심으로 활발한 대외 무역을 추진해 국제도시로서 위상을 높여나갔습니다. 그러나 475년 동안 명성을 유지했던 개성은 고려의 멸망과 함께 쇠락의 길을 걷게 됩니다. 경제를 비롯한 정치와 문화의 중심은 새로운 도읍지인 한양으로 옮겨졌고, 조정에서는 개성 주민들을 한양으로 강제 이주시키는 정책을 폈습니다. 이에 호응하지 않고 개성에 잔류한 사람들은 새로운 왕조에 충성하지 않는 자들로 지목됐죠. 고려의 옛 영화를 잊지 못하고 조선으로의 출사를 거부하던 개성의 사대부들은 조선 왕실로부터 미운털이 단단히 박혔으며, 점점 더 벼슬길에 오르기가 어려워졌습니다. 그 영향으로 학식을 갖춘 사람들 중에 관료가 되기보다는 상인이 되려는 이들이 늘어났습니다. 차별과 소외가 이어지면서 개성 사람들은 장사를 하지 않으면 살아갈 수 없게 됐습니다.

그런데 전화위복이라고 할까요? 시련에도 내성이 생기는 법이죠. 조선 시대에 들어오면서 개성상인들은 훨씬 더 단단해지고 치열해졌습니다. 새로운 상인 계층으로 유입된 구왕조의 사대부들과 지식인들 덕분에 개성상인들의 합리적 경영과 상술 그리고 회계법 등이 더 발달하게 됐고, 개성 4대 시전을 중심으로 전국의 상권을 긴밀히 연결하는 행상 조직도 더 확고하게 다져졌습니다. 여기에 특유의 근면과 성실, 높은 수준의 신용과 정직으로 한양을 기반으로 하는 상인 집단과 쌍벽을 이루게 됐습니다. 아마도 이때부터 개성상인들은 남다른 뚝심과 근성으로 어떠한 위기에도 굴하지 않는 기질을 갖게 된 듯합니다.

광화문광장에 세종대왕 동상이 세워져 있죠? 그 터에 어떤 관청이 있었는지 아십니까?"

서로 두리번거리기만 할 뿐 대답하는 사람이 없었다.

"네, 조선 시대 호조(戶曹)가 있던 곳입니다. 호조는 국가의 재정을 담당하는 관청입니다. 전국의 호구를 관리하고, 지방 특산물인 공물과 세금을 징수했으며, 부역을 부과하고 구휼 행정을 집행하며, 회계장부를 작성하고 관리하는 일 등을 담당했죠. 호조에는 판적사, 경비사, 회계사 등 3개 기관이 예속 돼 있었습니다. 이 중 회계사는 전국 각 관청에 모아둔 미곡, 포(布), 전(錢) 등의 연도별 회계를 담당하고 관리가 교체될 때 맡은 물건이 부족한지 아닌지를 확인하는 일 등을 관장했습니다. 부정부패를 막고, 회계 관리를 과학적으로 시행하려는 이런 노력은 조선 초기부터 이어졌습니다."

세종대왕의 아주 특별한 즉위식

"역사 드라마나 영화에서 세종대왕의 즉위식이 가끔씩 재현되곤 하는데, 보신 분 있으신가요? 네, 저는 딱 한 번 봤습니다. 정말 장엄하고 웅대하더군요. 그런데 이 즉위식에서 아주 특별한 장면이 있었다는 사실, 알고 계신가요? 아버지 태종과 아들 세종 사이에 회계장부를 인수인계하는 예식이 거행된 것입니다. 세종이 성군의 길을 갈 수 있도록 왕권을 튼튼히 다진 태종은 나라의 곳간까지 넉넉히 채워 이를 회계장부에 꼼꼼히 기록했다가 넘겨준 것입니다. 사사롭게는 아버지의 아들 사랑이 감격스러울 정도이며, 국가적으로 보자면 회계의 투명성과 책임성을 나라 경영의 최우선 순위에 두어야 한다는 의미를 담고 있는 행사였습니다.

과학적 회계 관리를 통한 합리적 국가 경영, 이것은 조선 개국 이래 확고하게 자리 잡은 원칙이었습니다. 세종대왕은 즉위 1년 차인 1419년 한성부에서 산학박사(算學博士) 두 명 중 지리와 산수를 겸해서 통하는 자 한 명이 본부의 토지 측량 사무를 겸임하게 해달라는 요청을 올리자 이를 시행토록 했습니다. '산학박사'는 관청에서 회계 사무 등에 종사하던 관직을 일컫습니다. 또한 1423년에는 이조에서 산수의 중요성을 강조했습니다. 그간 각 아문의 아전을 대충 산학박사에 임명해 회계 업무가 형식만 남고 어지러워진 폐단이 있었는데요. 이를 없애기 위해 앞으로는 산학박사를 문벌 좋은 집안의 자제 중 시험을 거쳐 선발하여 항상 산법(算法)을 연습함으로써 전문적으로 회계 업무에 종사토록 해달라는 건의를 받고 그대로 실시하도록 했습니다.

《양휘산법(楊輝算法)》은 세종 15년인 1433년에 간행된 수학 책입니다. 남송의 수학자인 양휘가 저술한 이 책은 곱셈과 나눗셈의 계산법, 농지측량법, 고차방정식, 마방진(魔方陣) 등을 다루고 있습니다. 마방진은 자연수를 정사각형 모양으로 나열해 가로, 세로, 대각선의 합이 전부 같아지도록 하는 것을 말합니다. 조선 시대 산학의 기본서로 국가회계 업무에 종사하는 하급관직인 산원(算員)을 선발하기 위해 산학취재(算學取才)라는 시험을 시행했는데, 그 시험 과목이었습니다. 이는 중국에서 간행된 책을 그대로 가져온 것이 아니라 새로 판을 새겨 신간을 펴낸 것입니다. 세종대왕은 이 책을 집현전, 호조, 서운관의 습산국(習算局) 등에 하사했다고 합니다. 세종대왕이 수학과 회계에 얼마나 많은 관심을 갖고 있었는지를 알 수 있습니다.

다음 말을 누가 했는지 아십니까?"

'인류가 문자를 창안한 이유는 회계의 필요성 때문이다.'

"문명발달사 분야의 세계적인 석학인 재레드 다이아몬드

박사가 퓰리처상 수상작인 《총, 균, 쇠》에서 한 말입니다. 세계의 지성들은 인류가 글자를 창안하게 된 동기를 다름 아닌 회계 문명에서 찾고 있습니다. 지금으로부터 정확히 600년 전인 1418년은 세종대왕이 즉위한 해입니다. 세종대왕 역시 전 세계에서 가장 우수한 문자로 평가받는 한글을 창제함으로써 백성이 누구나 자유롭게 자신의 의사를 글로 표현하고, 정확하게 계산하며, 이를 잊지 않게 기록할 수 있는 길을 열어준 것입니다. 문자 문명과 회계 문명은 불가분의 관계입니다. 그런 의미에서 우리 민족은 고려 시대에 이어 조선 시대에서도 국가회계와 민간회계 모든 분야에서 합리적 계산과 기록 방법을 찾아내고 정착시키기 위해 무던히 애써온 민족이라는 사실을 알 수 있습니다."

이기는 싸움을 하게 해준 이순신 장군의 회계장부

"조선 중기에 접어들면서 개성상인들은 고려 시대 못지않은 또 한 번의 전성기를 맞습니다. 공물로 특산물 대신 쌀을 바치게 한 대동법의 실시와 동전인 상평통보의 유통으로 화폐경

세계가 놀란 개성회계의 비밀

제가 발달했기 때문입니다. 개성은 전국 제일의 상업도시로 발전하면서 옛 영화를 되찾았습니다. 지방에 객주와 여각을 열면서 상권을 전국적으로 확대했으며, 송방(松房)이라는 지점을 상업 중심지마다 설치했고, 지점장격인 차인을 파견하여 지방 생산품을 수집하고 매매했습니다. 송방 또는 개성상인의 명성은 이즈음부터 전국적으로 널리 알려졌습니다. 송방은 전국의 포목(布木), 즉 베와 무명의 상권을 장악하여 가격을 좌지우지할 정도였습니다. 개성상인들은 자본력은 물론 조직력에서도 국내의 여타 상인들에 비해 월등했던 까닭에 전국을 대상으로 도고상업(都賈商業), 즉 매점 또는 독점상업을 전개할 수 있었습니다.

세종대왕과 더불어 한국인들이 가장 존경하는 인물은 누구일까요?"

"그거야 당연히 이순신 장군이죠."

항상 같은 자리에 앉아 경청하던 총무부장이 점잖은 목소리로 말했다.

"네, 부장님 말씀이 맞습니다. 이순신 장군입니다. 대기업 CEO들에게 한국적 기업가 정신을 정립하기 위해 가장 바람직한 역사 인물을 꼽으라고 하면 단연 이순신 장군을 꼽는다고 합니다. 세계무대에서 무한 경쟁을 벌이며 불확실한 미래를 개척해야 하는 CEO들이 이순신 장군에게서 경영의 교훈을 찾으려 하는 것은 어찌 보면 당연한 일입니다. 이순신 장군의 위대함은 여러 방면에서 차고 넘치지만, 가장 중요한 것은 그가 이기는 전쟁을 했다는 것입니다. 승리의 확신이 없는 전투에는 나서지 않았습니다. 다시 말해서 그는 전선이나 병력이나 무기 등 여건 면에서 어느 것 하나 왜군에 비해 유리할 게 없는 열악한 상황에서도 늘 이길 수 있는 환경을 만들고 전술을 개발해 반드시 승리의 결과를 얻어냈다는 거죠. 이것이 바로 이순신 장군이 이룩한, 세계 해전 역사에 길이 빛나는 23전 23승 불멸의 기록입니다."

매일 새벽 이순신 장군이 회계장부를 점검한 까닭은?

"이순신 장군이 치열하게 고민했던 것은 불확실성의 제거였습니다. 가장 확실하게 승리를 담보하는 길은 불확실성을 최대한 없애는 일이었으니까요. 이를 위해 그는 종이에 두 번 기록하는 복식부기 체계를 가지고 미래의 불확실성과 두려움을 극복하기 위한 믿음 체계를 실천했습니다. 구체적으로 이순신 장군은 임진왜란이 발발한 이후 매일 인시(寅時), 즉 새벽 3시부터 5시 사이에 기상하여 중기책(重記冊)을 점검했습니다. 중기책은 복식부기 요소를 갖추고 있는 국가기관의 회계장부입니다. 이순신 장군이 남긴 《난중일기(亂中日記)》를 보면 곳곳에서 '수중기(修重記)'라고 쓴 기록들이 발견됩니다. 기나긴 임진왜란 기간에 이순신 장군은 수군 최고 지휘관인 삼도수군통제사 신분이었음에도 매일같이 직접 조선 수군의 배와 화약 등 무기의 재고와 상태를 정밀하게 파악했던 것입니다."

회계의 진실성 = 물질의 풍요와 마음의 풍요가 균형을 맞추는 것

"이순신 장군은 탁월한 전략가이기도 했지만 누구보다 치밀한 회계 전문가였습니다. 군사들이 단잠에 빠져 있는 새벽 시간 그는 홀로 중기책을 들고 자신이 가지고 있는 재무상태를 파악하는 동시에 손익을 계산했습니다. 이렇게 해서 다가올 전투에서 승리할 수 있는 만반의 태세를 갖추고 불확실성을 제거함으로써 두려움을 물리칠 수 있었습니다.

현대인들은 회계를 이윤을 계산하고 재무제표를 작성하는 기업의 언어로만 인식합니다. 무표정한 얼굴로 화폐 금액에

맞춰 딱딱한 숫자 놀이에 빠져 있는 회계사를 연상하는 거죠. 하지만 이순신 장군이 제시하는 회계의 목적은 아직 다가오지 않은 미래에 대해 주저하고 두려워하는 마음을 없애고, 새롭게 임전무퇴의 자신감을 정비하는 체제입니다. 이는 《맹자》에 나오는 '호연지기(浩然之氣)'와도 같습니다. 호연지기란 새벽에 하늘과 땅이 균형을 통해 뿜어내는 기운으로 마음의 불균형에 따른 두려움이 사라지게 하는 것을 의미하지 않습니까?

이순신 장군에게 최대의 적은 조선의 바다를 침범하며 새까맣게 밀려오는 수백 척의 일본 전함이 아니라 조선 수군이 보유한 군사와 무기의 회계 균형이 맞지 않는 데서 오는 마음의 두려움이었을 겁니다. 국가가 이순신 장군에게 내린 '충무공'의 '충(忠)'이야말로 그에게 가장 잘 어울리는 시호입니다. 이는 회계학이 추구하는 대차평균의 원리를 제일 적절하게 드러내는 글자이기 때문입니다. 그는 마음의 중심을 잡는 데 가장 절실히 요청되는 것이 바로 회계 균형이라는 값진 교훈을 후손들에게 물려주고 있습니다.

국가의 존립과 온 백성의 생사가 걸린 절체절명의 순간에 이순신 장군이 기상하자마자 맨 먼저 일기장에 대차평균의 회계 점검 사항을 기록한 것은 오늘날 많은 지도자와 회계 책임자들에게 경종을 울리기에 충분합니다. 물질적으로 아무리 풍요롭더라도 마음의 풍요로움이 균형을 맞추지 못한다면 회계의 진실성은 성립되지 않습니다. 중세의 복식부기는 현대의 복식부기에 비해 정교하지 못합니다. 그러나 실질계정으로 이루어진 재무상태표와 명목계정으로 이루어진 손익계산서의 균형을 화폐 금액으로 맞추기 이전에, 반드시 먼저 보이지 않는 신과의 약속을 점검하던 중세의 복식부기가 회계의 진실성에는 더 가깝다고 할 수 있습니다. 이순신 장군에게 보이지 않는 신과의 약속이란 자신이 목숨을 걸고 지켜야 하는 군사들 그리고 백성들과의 약속이었을 겁니다. 그리고 마침내 그는 승리의 결과로 그 약속을 지켰습니다. 이것이 바로 회계의 진실성입니다."

일제강점기, 나라를 잃고 회계법도 핍박받다
—

조선 후기 막대한 자본을 축적한 개성상인들

"평안북도 의주의 중강에서 열리던 조선과 청나라 간 무역을 중강개시(中江開市)라고 합니다. 조선 시대 때 다른 나라와의 교역을 위해 시장을 연 것이 개시(開市)와 후시(後市)입니다. 개시는 국가가 통제하는 공무역을 말하고, 후시는 민간이 수행하는 사무역과 밀무역을 일컫습니다. 임진왜란 때 미곡 수입을 위해 시작됐다가 중단된 중강개시는 청나라의 요청으로 1646년부터 재개됐습니다. 개성상인들은 매년 2월 15일과 8월 15일 두 차례 열린 중강개시에 참여하면서 의주상인, 즉 만상(灣商)과 함께 중국과의 교역에서 주도권을 장악합니다. 17세기 중반부터 18세기 전반까지는 일본과 청나라 간에 직교역이 단절됐습니다. 이때 개성상인들은 양국을 중개하는 인삼 무역을 전개함으로써 엄청난 부를 축적할 수 있었습니다. 인삼 유통의 허가권을 보유한 개성부에서 이 권한을 개성상인들에게 부여했기 때문에 개성상인들은 인삼이 재배되기 전부터 인삼 유통의 주도권을 장악할 수 있었던 것입니다.

개성상인들은 국내 상업과 국제무역에서 축적한 자본을 생산 부문에 투자했습니다. 이 중 가장 두드러진 분야가 인삼 재배업과 홍삼 제조업이었습니다. 인삼 재배는 동일 면적의 곡물 생산에 비해 비교할 수 없을 정도로 수익이 많았습니다.

세계가 놀란 개성회계의 비밀

1900년의 자료에 따르면 삼포 경영의 수익률은 약 15배로 추정되고 있습니다. 인삼 재배를 개성상인들이 주도하게 된 것은 그만한 자본력이 있었기 때문입니다. 개성에서는 신용만으로 돈을 융통할 수 있는 시변제도와 같은 금융제도가 있었기에 장기간 상당한 자금이 투입되는 삼포 경영이 가능했던 거죠. 개성상인들이 조선 후기에 이르러 국내 최대의 토착 민간자본으로 성장할 수 있었던 것도 이처럼 삼포 경영과 홍삼 제조, 국제무역에서 막대한 수익을 올린 덕분입니다."

스크린에서 다음 페이지를 띄우다가 유민의 표정이 잠시 어두워진다. 오늘 이야기할 내용 중에서 가장 가슴 아픈 장면에 왔다는 생각 때문이다.

대한제국의 멸망과 일본의 한반도 경제 수탈

"일찍이 국가 체제를 개혁하고, 문호를 개방해 서양 근대 문물을 받아들이지 못한 조선은 구한말에 이르러 풍전등화의 위기에 처하게 됩니다. 고종은 대한제국을 선포하고 자주독립국가로서의 면모를 갖추기 위해 온 힘을 다했지만 대세를 돌이키기에는 역부족이었습니다. 전혀 준비되지 않은 상태에서 외세에 의해 갑작스레 이루어진 개항으로 개성상인들을 비롯한 국내 재래 상인들은 커다란 변화와 시련을 겪게 됩니다. 육의전과 공인에 대한 특권제도가 폐지되면서 토착 상인들은 외국 상인들에게 고스란히 자리를 내줘야 했습니다. 언뜻 보면 자유로운 시장경제가 시작되면서 근대적 경제체제가 자리를 잡아가는 것 같지만, 자본주의 경쟁에 익숙하지 않은 토착 자본으로서는 심각한 타격이 아닐 수 없었습니다. 청나라 상인들은 무역을 통해 조선의 내수를 장악했고, 일본 오사카상인들은 조선의 개항장을 지배하고 외국과 통상하면서 아무런 제한 없이 어마어마한 수익을 거두어들입니다."

유민의 목소리도 그랬지만 듣고 있는 사람들의 표정도 자못 침통하다.

"1910년 불법적으로 한반도를 강점한 일본이 가장 먼저 한 일은 상권을 장악해 경제를 틀어쥐는 일이었습니다. 당연히 민족자본을 말살시키고 상인정신을 뿌리 뽑기 위한 정책들이 줄을 이었습니다. 대표적인 것이 토지조사사업과 조선회사령입니다. 토지조사사업은 농업이 주류였던 조선 백성들로부터 농토를 약탈하고 농민들을 수탈하기 위한 것이었습니다. 이

사업의 결과 그동안 토지를 소유했던 수백만 명의 농민이 토지에 대한 권리를 잃고 영세소작인이나 화전민 또는 자유노동자로 전락했습니다. 반면 조선총독부는 국토의 40퍼센트에 달하는 전답과 임야를 소유한 대지주가 됐습니다. 조선총독부는 이 토지를 동양척식주식회사와 후지흥업 등 일본 회사와 이민자들에게 무상 또는 싼값으로 불하했습니다.

조선회사령은 한반도 내에서 민족자본의 발생을 애초부터 없애버리려는 조치였습니다. 모든 회사의 설립은 조선총독의 허가를 받아야 하고, 회사가 본령 또는 본령에 따라 발표되는 명령이나 허가의 조건에 위반하거나 공공의 질서와 선량한 풍속에 반하는 행위를 했을 때 조선총독은 사업의 정지와 금지, 지점의 폐쇄와 회사 해산을 명할 수 있다는 내용을 담은 법이었습니다. 조선 경제의 씨를 말리는 악법 중의 악법이었죠. 이 법이 시행된 지 몇 해도 되지 않아 한반도의 경제는 완전히 일본인의 수중에 들어가고 말았습니다."

일본에 빼앗긴 개성상인들의 인삼 수출권

"기분이 별로 안 좋으시죠? 저도 이런 말씀 드리려니 착잡

하네요."

"화가 납니다."

"분해요."

중간쯤에 모여 앉은 젊은 직원들이 이구동성으로 말했다.

"강의 준비하면서 고민을 했습니다. 너무나 암울해서 그냥 건너뛸까 하는 유혹도 솔직히 있었어요. 하지만 이런 역사에서도 우리는 배워야 한다는 생각에 빠뜨리지 않기로 했습니다."

"잘하셨습니다. '역사를 잊은 민족에게 미래는 없다'고 하지 않았습니까? 자, 우리 강사님께 응원의 박수 한번 보냅시다!"

임원 중 한 분이 자리에서 일어나더니 진심 어린 응원을 해 주자 유민은 눈물이 핑 돌 뻔했다. 모두의 박수 소리를 받으면서 유민은 다시 힘을 냈다.

"감사합니다. 이후로도 몇 번 고비가 더 있지만 힘을 내서 열심히 말씀드리겠습니다.

그렇게 해서 일본은 한반도 경제를 완전히 장악했습니다. 지난 시간에 말씀드렸던 조선 상업의 근간인 객주들은 개항 이후 국내 상인과 외국 상인 사이에서 가교 역할을 하고자 했습니다. 그렇지만 외국자본의 침투와 일본 상인들의 반발로 세력을 잃고 쇠퇴의 길을 걷습니다. 개성상인들 역시 개항 전

세계가 놀란 개성회계의 비밀

최대의 토착 민간자본으로 성장했으나 외국자본의 철저한 봉쇄와 일본의 불법 수탈로 기반이 흔들리게 됐습니다. 결정적인 것은 일본이 개성상인들의 인삼 수출권을 강제로 빼앗아 갔다는 것입니다.

이후 조선의 상인들, 특히 개성상인들은 이윤을 남기기 위해 장사를 하는 게 아니라 독립운동을 목적으로 장사를 하는 저항적 상인들로 변모하게 됩니다. 분야를 막론하고 상업의 기반을 다져 부를 이루고, 이를 지켜 민족자본을 형성함으로써 언젠가 해방될 조국의 미래를 대비한다는 이 애국적 상인정신은 개성상인들이 잡초처럼 끈질기게 살아남는 데 원동력이 됐습니다. 이들은 암암리에 상하이 임시정부에 자금을 보내고, 독립군들의 활동을 돕기 위해 군자금을 지원했습니다. 적어도 개성에서만큼은 일본 상인들이나 은행들이 발을 붙이고 장사나 영업을 할 수가 없었습니다. 개성상인들의 고집과 단결 때문이었습니다."

누군가가 손뼉을 쳤고, 강당 전체로 확산됐다. 계속 짓밟히고만 있지 않는 끈질긴 생명력에 자기도 모르게 나온 반응이었으리라.

"이즈음 일제는 우리나라에 서양식 복식부기를 도입해 사용하도록 했습니다. 개성상인들이 개발한 고유의 사개치부법이 있었음에도 의도적으로 이를 깎아내린 채 자신들이 받아들여 사용하던 서양식 복식부기를 쓰도록 한 것입니다. 이를 처음 도입한 것은 1897년에 설립된 한성은행이었습니다. 한성은행은 본래 민족자본으로 설립됐으나 이후 일본 자본에 흡수돼 친일파들이 운영하는 은행으로 전락했습니다. 여러분, '우리은행'의 전신이 어디였는지 아십니까? 1899년에 설립된 대한천일은행이에요. 고종의 내탕금과 개성 지역 민족자본으로 설립됐죠. 민족자본으로 세워진 은행답게 사개치부법을 사용했습니다. 그러나 이 역시 경영난으로 일본 자본에 흡수되면서 서양식 복식부기를 써야만 했습니다. 베네치아 복식부기보다 200년이나 앞서 개발된 고유의 복식부기가 일제에 의해 철저히 외면당하면서 서서히 역사의 무대에서 사라져 버린 것입니다."

비전 사개송도치부법, 세상에 알려지다

—

"여러분, 혹시 현병주라는 분에 대해 알고 계십니까?"

강당 안에는 침묵만이 이어질 뿐 아무런 대답도 나오지 않았다.

"네, 거의 모르실 겁니다. 모르는 게 당연합니다. 회계학자나 역사학자가 아니면 관심을 가지기 어려운 인물이니까요. 1916년은 우리나라 회계학 역사에서 매우 중요한 일이 발생한 해입니다. 현병주 씨가 《실용자수: 사개송도치부법(實用自修: 四介松都治簿法)》이라는 책을 발간한 해거든요. '실용(實用)'이란 아시다시피 '생활 속에서 실제로 사용되는'이라는 뜻이고, '자수(自修)'란 '다른 사람의 가르침을 받지 않고 자기 힘으로 학문을 닦는 것'을 의미합니다. 그러니까 그는 혼자 책을 보고 익혀서 생활 속에 바로 사용할 수 있도록 사개송도치부법을 가르쳐주는 학습서를 펴낸 것입니다. 그동안 개성상인들이 비밀리에 전수해왔던 사개송도치부법이 잘 정리된 상태로 온 세상에 공개된 거죠. 실로 획기적인 일이라 하지 않을 수 없습니다."

사개송도치부법의 실용성과 독창성

"서문에서 저자는 책을 펴낸 이유를 이렇게 밝혔습니다.

— 상업 제가는 부기의 중요성을 모르고, 장부를 작성할 때 각자 자기 방식에 의해 임시방편으로 기록하니 그 기법에 일정한 규칙이 없어 갑의 장부를 을이 해석하지 못하고 을의 장부를 병이 해석하지 못한다. (…) 동방에 학술적 부기로 전수되는 것이 없는 줄 알았으나 조선 송도에 이미 상업 부기가 있었으니 이 역시 학술로 전수되지 않은 연유로 사용 범위가 넓지 않아 식자들이 한스럽게 여겼다. 그러나 세상 풍조가 변해 혁신 제군들이 시급한 일을 처리하고자 각오를 다져 이제야 서양 부기를 번역해 역자마다 각각의 부기학설을 내세우고 있으나 그 도식과 문자가 모두 서양식이어서 전문가가 아니면 해석이 불가능하다. (…) 나는 부기를 대충 이해한 사람에 불과하지만 시대의 요구에 따르고자 이 책을 편집한다.

그는 다방면에 관심을 가지고 신학문을 익혀온 학자풍의 저술가였지만, 회계 전문가는 아니었습니다. 어떤 경로를 통해 송도의 사개치부법에 대한 이야기를 전해 들은 뒤 관심을 갖게 된 것으로 보입니다. 그래서 직접 현장을 방문해 상인들을 만나 취재한 후, 개성상인 가운데 사개치부법에 능한 김경식과 배준녀 두 사람으로부터 상세한 설명을 들어가며 이 책을 썼습니다. 그는 한자와 이두를 섞어 표기하면서 사개치부법을 복원해냈습니다.

— 조선에도 가치가 있는 부기로서 동양 상업계에서 먼저 발명한 것으로 송도 상업가가 그 이전부터 사용하던 사개치부법이 있어 아득히 멀리 이탈리아 베네치아에서 발명한 신식 부기법과 부합이 되어 그 보조부의 구별과 대차일람표 등에서는 기입 방식에 차이가 있으나 주요부의 강령은 조금도 차이가 없다.

저자는 통론에서 자신이 비교해본바 베네치아의 복식부기와 송도의 사개치부법 간에 소소한 차이는 있으나 복식부기가 갖고 있는 근본적인 회계 방식에는 전혀 차이가 없다는 사실을 밝히고 있습니다.

그렇다면 혹시 개항 이전에 외국의 복식부기가 우리나라, 특히 개성상인들에게 전래됐을 가능성이 있을까요? 또는 반대로 고려 시대 때 개성과 벽란도를 드나들던 외국 상인들에 의해 사개치부법이 서양, 특히 베네치아상인들에게 전파됐을 가능성이 있을까요? 흥미로운 이야기죠? 실제로 일부 학자들이 이런 주장을 제기하기도 합니다."

"우리의 사개치부법이 아라비아상인들에 의해 유럽으로 전파된 게 확실합니다."

지난 강의 때 고려대학교를 나와 고려 시대를 잘 안다며 웃음을 선사했던 중년 직원이 적막을 깨고 시원스레 대답했다.

"네, 많은 사람이 그것이 사실이기를 희망하고 있지만 증거는 전혀 없습니다. 역으로 서양에서 개성으로 복식부기가 도입됐다는 증거 또한 없습니다. 사개치부법은 우리 조상들이 독창적으로 만들어낸 자생적 복식부기입니다. 일기장에 모든 거래 내역을 입거 방식으로 분개 기록한 뒤 이를 다시 인명별 장책에 입거 방식으로 기록하고, 각 장책의 잔액으로 봉급손익 사개로 구성된 회계책을 작성하며, 재무상태표는 회계책의 봉차와 급차표로 갈음하고, 손익계산서는 회계책의 손해질과 이익질을 비교해 작성한 다음, 결산장에서 순이익을 세부적으로 검증한 후 결산을 확정하는 것. 그 과정이나 방식이 매우 치밀하면서도 과학적입니다. 현금 계정이 따로 없으면서도 현금 잔액을 날짜별로 정확히 산출한 점이나 장부를 기록하는 데 각종 기호를 사용했다는 점 등은 더할 나위 없이 실용적입니다. 이를 여과 없이 잘 담아낸 책이 바로 현병주의 《실용자수: 사개송도치부법》입니다. 만약 그가 회계를 더욱 깊이 연구한 학자였거나 역사 분야에 집요하게 천착한 사람이었다면 더 완벽하고 풍성한 역작을 출간할 수 있었을 겁니다. 하지만 기존의 이 책만으로도 그는 충분히 평가받을 만합니다. 경성 덕흥서림에서 간행된 《실용자수: 사개송도치부법》은 우리나라 회계의 역사를 파악하는 데 더 없이 중요한 책입니다. 그런데도 저자인 현병주에 대해서는 별로 알려진 게 없습니다. 1880년 9월 28일 연주 현씨에서 분적한 가문인 성산 현씨의 후손으로 태어났다는 사실은 알려져 있으나 출생지가 어디인지는 알 길이 없습니다. 금강어부(錦江漁夫), 금수호연생(錦水胡然生) 같은 호를 쓴 것으로 봐서 금강 인근 어느 지역으로 추정될 뿐입니다. 그가 주로 사용한 호는 수봉(秀峯)입니다. 족보에는 '고금의 역사에 능통하고 신식 학문에도 관심이 많았던' 인물로 기록돼 있습니다. 그는 한학을 공부했지만 이십대 후반인 1910년 무렵에는 천안에서 당시로써는 신학문의 통로였던 서점을 경영하기도 했다고 합니다.

천안의 서점을 정리하고 경성으로 올라온 그는 저술 활동에 매진해 1920년대부터 1930년대에 걸쳐 모두 45권에 이르는 방대한 저서를 펴냈습니다. 그의 저술은 소설과 실기, 점서, 지지학(地誌學), 회계학, 연설집 등 어느 한 분야에 국한돼 있지 않고 근대로 아우를 수 있는 여러 학문 분야에 폭넓게 포진돼 있습니다. 그의 만물학적인 저술은 일반 대중을 대상으로 한 계몽적인 성격의 작품이 많으며, 생활에 도움이 되는 실용적인 저술도 적지 않습니다. 그는 왕성한 저술 활동을 하면서 '우문관서회'라는 출판사를 경영하기도 했습니다. 여기서 자신의 저서는 물론 소장하고 있던 고서나 고문서를 우리말로 번역 또는 번안하여 출판하기도 했습니다. 구한말에서 일제강점기까지 그는 근대의 기록자로서 많은 저술을 남겼지만 안타깝게도 단 한 장의 사진조차 남아 있지 않습니다. 1938년 57세를 일기로 운명한 그는 충북 괴산군 청안면 정자리에 쓸쓸히 묻혀 있습니다."

일본을 발칵 뒤집어놓은 논문 한 편

—

"자, 그럼 이쯤에서 당연한 질문이 하나 생겨납니다. 일본이 조선 경제를 초토화하고, 민족자본을 말살하기 위한 식민지 정책을 펴면서 의도적으로 우리 고유의 복식부기를 쓰지 못하도록 강제했다고 말씀드렸는데요. 묘하게도 비슷한 시기인 1916년에 생각지도 않게 현병주라는 사람이 《실용자수: 사개송도치부법》이라는 책을 출간했단 말이죠. 이에 대한 일본인들, 특히 일본 회계학계 쪽의 반응이나 평가는 과연 어땠을까요?"

"깜짝 놀랐을 것 같습니다."

"그냥 모르쇠로 일관했을 것 같은데요?"

몇 가지 의견이 중구난방으로 제기됐다.

"여러 가지 말씀을 해주셨는데요, 어찌 보면 말씀하신 의견들이 다 맞는다고 할 수 있습니다. 속으로는 깜짝 놀랐지만 겉으로는 태연한 척, 여전히 서양식 복식부기를 쓰도록 강압 정책을 폈으니까요."

두 일본인이 발설한 회계의 진실

"제일 먼저 반응을 보인 일본인은 스도 분키치(須藤文吉)라는 사람입니다. 일본 고베고등상업학교를 졸업하고 조선으로 건너온 그는 경성에 머물면서 개성상인들의 복식부기에 관한 기사를 써 〈학우회보〉에 게재하기도 했습니다. 당시 그가 썼던 글 일부를 읽어드리겠습니다.

— (…) 개성부기법은 구미의 어느 나라보다도 앞선, 지금으로부터 600년 전인 고려 시대에 복식부기를 독창한 것으로 부기회계사 연구상 복식부기의 기원으로 여겨왔던 이탈리아는 부기학의 원조가 아니고, 조선의 개성이야말로 진정한 원조임을 나의 가장 큰 영광으로 생각하는 바이다.

어떻습니까? 그는 일본인이었지만 현병주의 책을 통해 개성 상인들의 사개치부법을 알게 된 이후 이 복식부기야말로 베네치아 복식부기보다 먼저 만들어진 원조임을 떳떳하게 고백했습니다. 그러면서 이를 알게 된 것이 영광스럽다고까지 말했어요.

이후 1917년에는 〈조선신문〉 기자였던 타무라 류수(田村流水)라는 사람이 〈동경경제잡지〉에 한 편의 논문을 발표해 일본 회계학계를 충격 속으로 몰아넣었습니다. 논문의 제목은 '고려 시대에 복식부기가 있었다' 입니다. 논문 중 한 부분을 읽어드리겠습니다.

세계가 놀란 개성회계의 비밀

— (…) 내가 정사한 개성부기는 그 대차의 이치, 계정과목의 응용, 장부의 분류 등 모든 것이 완전한 학리를 기초로 하여 활용되고 있었다. 실로 이탈리아보다 200여 년 전에 이를 독창하고 있었던 것이다.

당시 일본은 조선에서 본격적으로 경제 수탈 정책을 펼치며 모든 경제체제와 기반을 일본의 것으로 뜯어고치고 있었습니다. 그런데 본국의 수도에서 간행되는 명망 있는 잡지에 이런 논문이 버젓이 발표됐으니 얼마나 놀랐겠습니까? 일본 학계와 지식층은 엄청난 충격을 받았겠지요.

하지만 그렇다고 해서 이들의 정책이나 사고가 바뀐 것은 아니었습니다. 일제는 학자들을 동원해 이런 논의가 확산되는 것을 방지하면서 개성상인들의 사개치부법이 결코 복식부기가 아니었다는 반론을 대대적으로 펼쳐나갔습니다."

《실용자수: 사개송도치부법》은 베스트셀러였을까?

"잠시 쉬어갈 겸 이쯤에서 재미있는 질문을 하나 드리겠습니다. 당시 현병주의 《실용자수: 사개송도치부법》이 얼마나 팔렸을까요? 베스트셀러였을까요, 아닐까요?"

이번에도 다채로운 의견이 쏟아졌다.

"많이 팔렸을 것 같습니다."

"조선총독부에서 사재기를 했을 것 같은데요?"

"살기 힘든 시절이었으니…, 많이 팔리지는 않았으리라 봅니다."

"현병주의 책은 동양권에서는 최초이자 유일하게 자기 나라 고유의 부기를 해설한 책이었습니다. 판매된 부수를 정확히 알 수 없지만 1916년 12월 15일에 초간본이 발행된 이래 1928년 10월 15일에 2간본이, 1928년 10월 20일에 3간본이 발간된 것으로 보아 적잖은 부수가 판매됐던 것으로 추정됩니다. 요즘도 초판이 발행된 뒤 재판을 찍지 못하는 책들이 수두룩한데, 100여 년 전 세 차례나 책을 발행했다는 건 그만큼 반응이 좋았다는 증거겠지요. 이만하면 베스트셀러였다 해도 아주 틀린 말은 아닐 겁니다."

세계가 놀란 개성회계의 비밀

서양에서 극찬하다

―

서양에 소개된 개성상인들의 복식부기

　"1916년 경성에서 현병주의 책이 출간되고 1917년 동경에서 신문기자였던 타무라 류수의 논문이 발표된 이후, 묘하게도 그 이듬해인 1918년 멀고 먼 오스트레일리아의 회계사협회에서 발행하는 회계학 잡지 〈The Federal Accountant〉(Vol. 3)의 편집 후기에 개성상인들의 복식부기를 소개하는 글이 실립니다. 이로써 우리 고유의 회계법인 사개송도치부법이 서양에도 알려진 것입니다. 그 내용은 다음과 같습니다.

― Who first thought of bookkeeping as a business method? One would never think of Korea, and yet it there, that double-entry bookkeeping was invented and put it use.

번역하면 이런 말이 되겠죠.

─ 경영 방법의 하나인 회계장부를 기록하는 기술을 지구상에
서 누가 맨 처음 생각해냈을까? 그 누구도 복식부기 기술을
창안하고 사용해온 국가가 한국이라고는 생각하지 못했을
것이다. 그러나 한국에는 지금 그것이 존재하고 있다.

어떻습니까? 가슴 뭉클하지 않습니까? 이 잡지의 편집자들이
어떻게 해서 이 같은 사실을 알게 됐으며, 어떤 과정을 거쳐
직접 소개하는 글까지 쓰게 됐는지는 정확히 알 수 없습니다.
다만 이 짧은 글을 통해 서양 사람들도 동양의 한 작은 나라에
서 일찍이 이렇게 발달한 복식부기를 사용하고 있었다는 사
실에 대해 상당히 놀랐다는 것만큼은 알 수 있습니다.
　이와 같이 자신들의 식민지로 전락한 조선의 전통 부기법이
갑작스레 자국은 물론 서양에서까지 흥미롭게 다루어지자 일
본은 학자들을 동원해 사개송도치부법을 본격적으로 연구하
게 됩니다. 이들이 어떻게 연구를 진행했는지 한번 살펴보겠
습니다."

일본 학자들이 내린 결론은?

"1920년 오오모리 겐조(大森研造)는 개성상인인 전재근과 박우현이 설립한 개성사(開城社)로부터 얻은 장부를 보고 나서 완벽한 복식부기인 것을 확인했습니다. 그러나 그는 곧바로 1905년 장부에는 대변과 차변, 입·환급, 봉차, 환상의 기호가 사용되고 있지만 인명계정 이외에 사물에 대한 의인화가 이루어지지 않았다고 봤습니다. 그리고 1849년 장부에서도 인명계정만 있고 의인화가 존재하지 않는다고 보아 개성의 고유 부기는 1905년까지 일본 고유 회계장부였던 대복장(大福帳)의 수준과 동일하다고 결론을 내렸습니다.

그는 1922년에 발표된 〈개성부기의 기원〉이라는 유고 논문에서 다음과 같이 밝히면서 개성부기의 고려 기원설을 부정했습니다.

— 모든 학설과 제도는 우연히 생기는 것이 아니라 반드시 그 유인이 있어야 한다. 이탈리아는 복식부기를 생성시킬 만한 충분한 유인이 있었지만 고려는 자기 스스로만 문화와 상업이 발달했다고 말할 뿐 실질적으로는 중국의 모방 문화를 가졌고, 자체적인 필요에 의해 복식부기의 창조를 가져올 유인이 없었다.

결국 그는 개성부기를 극히 최근에 만들어진 외래문화라고 추론했습니다. 당시 그가 논문을 쓰면서 참고했다는 개성상인들의 회계장부는 하나도 전해지는 게 없습니다. 그저 그의 주장만이 있을 뿐입니다.

이후 젠쇼 에이스케(善生永助)는 조선총독부에 근무하면서 조선 시대 상업 관습 전체를 조사하는 과정에서 개성상인들의 회계법을 연구해 1924년 〈조선인의 상업〉이라는 보고서를 제출했습니다. 여기서 그는 회계장부 3권을 갖고 있다고 했는데, 해방 후 그는 조선에서 입수한 2,000여 권에 달하는 책들을 미국 국회도서관에 양도했다고 회고했습니다.

그는 개성은 상업이 발달했고, 일찍이 일반인들이 개성부기라고 부를 정도로 유명한 치부법을 가지고 있었으며, 그 양식은 서양부기에 손색이 없다고 밝혔습니다. 다만 그는 개성부기가 발명된 시기는 고려 시대 말이나 조선 시대 초로 추정된다고 주장했습니다.”

은행을 찾지 않았던 개성 사람들

“일제의 식민지 경제 지배에서 첨병 역할을 했던 조선식산은행 조사과에서는 1929년 개성에서 널리 시행되고 있는 시변제도와 개성상인들의 회계법 그리고 자금 융통법의 특징을 조사했습니다. 개성에 지점을 설치하고 영업을 개시했지만 은행 문을 두드리는 사람이 없었기 때문입니다. 조선식산은행은 어떻게 은행 하나 없는 개성에서 이토록 금융 거래가 활발하게 이루어지는지 알 수가 없었습니다. 1924년에 발표한 이 조사 보고서에서 그들은 개성은 고려의 수도로서 11세기에서 12세기 사이에 인구가 100만 명이나 되는 대규모 국제도시였다는 점과 현대식 기업회계 조직에 해당하는 일기장, 원장, 보조부 등을 갖추고 모든 거래를 복식부기로 처리한다는 사실을 시인하지 않을 수 없었습니다.

고베대학교의 히라이 야스타로(平井泰太郎) 교수는 1918년에서 1925년까지 8년 동안 개성상인들의 복식부기를 연구한 인물입니다. 그는 1922년부터 1924년까지 독일의 베를린과 프랑크푸르트에 머물면서 자신의 연구 결과를 모아 발표했습니다. 그의 발표는 회계학 교수로서 유럽에서 처음으로 이루어진 것이었기에 대단히 중요한 의미를 갖고 있었습니다. 하지만 그는 일기장과 타급장책, 외상장책, 결산서 간의 유기적 연관성을 찾지 못했기에 개성상인의 회계 기술은 현대적 의미의 복식부기 기술이 아니라는 부정적인 결론을 발표했습니다. 나아가 그는 '개성부기가 고려 시대 때 만들어졌다고 하는 조선인들의 주장은 향토애의 발로'라고 깎아내리면서 이는 조선민족의 한 가지 전설과도 같은 것이라고 말했습니다."

〈개벽〉 창간호에 '사개송도치부법'을 실은 이유

"'빼앗긴 들에도 봄은 오는가'라는 시, 다들 잘 아시죠? 대표적인 항일 저항시로 잘 알려진 이 시는 1926년 〈개벽(開闢)〉 6월호에 발표됐습니다. 그리고 조선총독부로부터 곧바로 판매 금지를 당해 전량 압수됐죠. 〈개벽〉은 1920년 6월 천도교청년회가 창간했으며, 1926년 8월 폐간되기까지 통권 72호를 발행한 종합지입니다. 발매 금지와 정간을 밥 먹듯 당했지만 이에 굴하지 않고 정치·사회를 풍자하는 글과 주옥같은 문학작품 등을 소개했어요. 암울한 시대를 밝히는 등불 같은 역할을 담당했던 매체입니다. 당시 전체 신문·잡지 구독자가 10만 명도 채되지 않던 상황에서 이 잡지는 매호 평균 8,000부가량이 판매될 정도로 인기가 있었다고 합니다."

"또 왜 문학 이야기인가 궁금하시죠? 〈개벽〉 창간호 표지는 한민족을 상징하는 백두산 호랑이가 지구 위에서 힘차게 포효하는 장면을 담고 있습니다. 치열하게 신문화운동을 전개해 백성을 계몽하고자 하는 잡지의 이상을 잘 표현하고 있죠. 이와 함께 우리나라 사람들이 자랑스럽게 생각하는 문명의 한 예로 사개송도치부법을 내세우고 있습니다. 아마도 1916년 이래 계속돼온 개성부기에 관한 논쟁들이 영향을 끼친 게 아닐까 생각합니다. 〈개벽〉은 한반도에서 3·1만세운동이 대대적으로 전개되고, 그 여파로 상하이에 대한민국임시정부가 세워진 이듬해에 창간됐지요. 비록 우리가 주권을 잃어버렸다 해도 유구한 문화와 전통, 그중에서도 정직성에 기초한 복식부기의 빛나는 양식을 저마다의 마음속에 굳건히 간직하고 있다면 반드시 반문명 세력인 일본을 극복할 수 있다는 확신을 심어주고자 했던 것입니다.

이왕 〈개벽〉 이야기가 나왔으니 조금만 더 말씀드리겠습니다. 제 전공이 나오니까 막 신이 나네요. 〈개벽〉 편집진과 집필

진은 당대의 내로라하는 지식인과 문인들이었습니다. 이들은 특유의 유연성과 개방성을 바탕으로 역사에 길이 남을 명작들을 탄생시켰습니다. 특히 주목받은 것은 염상섭의 소설 '표본실의 청개구리'와 현진건의 소설 '빈처(貧妻)' 그리고 김소월의 '금잔디', '엄마야 누나야', '진달래꽃' 등의 시였습니다. 온 국민의 애송시이자 이별을 노래한 시의 백미로 꼽히는 '진달래꽃'은 1922년 〈개벽〉 6월호에 실렸다가 1925년 김소월 생전에 발간된 유일한 시집 《진달래꽃》에 수록되면서 널리 알려졌습니다."

강의 자료를 넘기는 소리만 들릴 뿐 강당 안은 조용했다. 제시된 시를 읽으면서 그 의미를 새삼 되새기는 듯 분위기가 숙연해졌다.

"잠깐 제 할아버지에 관한 말씀을 드리려고 합니다. 첫 번째 시간에 잠깐 언급했었죠? 저희 집안은 개성에서 인삼을 재배하고 판매하는 시전을 운영했습니다. 증조할아버지 때까지만 해도 활발하게 상업활동을 전개했다고 합니다. 그런데 일제강점기 이후 일제의 압박과 각종 악법 때문에 예전처럼 활발하게 영업을 할 수 없게 됐다고 해요. 그렇다고 일제의 회유에 굴복하거나 협조할 수는 없었고요. 그래서 증조할아버지는 근근이 먹고살 정도로만 일하시면서 할아버지에게는 절대 장사를 시키지 않으셨습니다. 송도중학교를 보내 신학문을 익히게 하셨죠. 송도중학교는 독립협회장을 지냈던 윤치호 선생이 1906년 개성 송악산 일대에 세운 한영서원이라는 학교가 송도고등보통학교를 거쳐 발전한 학교입니다.

증조할아버지는 상점에서 일하던 점원들에게 한몫씩 챙겨주면서 나라 잃은 백성으로서 각자 자신의 책무를 찾아 살라는 당부와 함께 내보내셨다고 합니다. 하지만 증조할아버지는 자식들에게 개성상인들의 철학과 상술 그리고 사개치부법만은 철저하게 가르치셨습니다. 훗날 해방이 되면 일본의 압제 없는 자유로운 세상에서 다시 개성상인의 맥을 이어야 한다는 생각에서 그러셨던 것 같습니다. 증조할아버지는 끝내 광복을 보지 못하고 일본이 패망하기 두 해 전에 돌아가셔서 개성 땅에 묻히셨습니다. 할아버지는 해방 후 송도중학교를 졸업하고 한국전쟁이 터지자 형제들과 함께 남쪽으로 내려오셨습니다. 할아버지 몸속에는 개성상인의 뜨거운 피가 흐르고 있었던 것 같습니다. 증조할아버지처럼 상인으로 일하지는 않으셨지만 사범대학에서 상업교육을 전공한 뒤 평생 고등학교에서 상업을 가르치셨습니다.

할아버지께서 생전에 약주만 드시면 오빠와 저에게 읊어주
시던 시가 바로 김소월의 '진달래꽃'입니다. 고향 마을에 봄
마다 피어나던 진달래꽃이 그렇게 예쁠 수가 없었다고 하시
더군요. 송악산이 진달래꽃으로 붉게 물들 때면 온 가족이 맛
있는 음식을 만들어 보자기에 싸 들고 소풍을 가기도 했답니
다. 그래서 이 시를 읊을 때마다 저는 할아버지 생각에 눈물이
나곤 합니다. …. 어쨌든 대대로 이어져 온 개성상인의 피 덕
분에 아버지 역시 대학에서 경제학을 공부한 뒤 증권회사를
거쳐 시중 은행에서 이사로 일하다가 은퇴하셨습니다. 오빠
또한 경영학 석사 과정을 마친 다음 곧바로 벤처회사를 차려
지금까지 잘 꾸려가고 있고요. 어떻습니까? 이만하면 개성상
인 집안의 후손들답지 않은가요?"

"그래요. 조상님들도 자랑스러워할 거예요."

"맞아요. 그 덕에 우리도 이렇게 멋진 강의를 들을 수 있는
거고요."

"감사합니다. 더 열심히 해서 조상님들 욕되지 않게 해야
한다는 책임감이 생깁니다."

세계가 놀란 개성회계의 비밀

회계가 기술로 전락하다

—

"일본에 서양 복식부기를 처음 소개한 사람은 근대화의 정신적 지주로 불리는 후쿠자와 유키치(福沢諭吉)입니다. 그는 1873년 동경에서 미국 상업학교의 교재를 번역 출판했습니다. 하지만 그는 회계에 관해 잘 알지 못했습니다. 가장 어려운 점은 가로쓰기로 된 숫자를 인식하는 것과 회계 원리에 따라 차변과 대변으로 분개하는 것이었습니다. 그에 의해 일본에 도입된 복식부기는 단순한 기능일 뿐 본래의 회계 정신은 잃어버린 상태였습니다.

그는 '굿바이 아시아'를 외치면서 서구 문명을 무조건 찬양하다가 이처럼 어처구니없는 잘못을 저지른 것입니다. 첫 단추를 잘못 끼운 결과 일본의 회계 용어에는 한자 문화권과 전혀 맞지 않는 이상한 용어들이 많이 들어가 있습니다. 훗날 후쿠자와 유키치는 다음과 같이 고백한 바 있습니다.

— 메이지유신 초기에 나는 복식부기에 관한 책을 번역했다. 이
책에는 본문에 뒤이어 실습 예제들이 있었다. 나는 확실히
실무를 알아야 했다. 그러나 나는 회계 실무에 대해 충분한
지식이 없었다. 용어의 용례도 모른 채 번역했기에 많은 사
람을 혼란스럽게 했다.

그에 대비될 수 있는 인물로 폴란드 학자 바츨라프 세로셰프
스키(Waclaw Sieroszewski)가 있습니다. 1903년 대한제국을 여행
한 세로셰프스키는 흥미로운 여행기를 남겼습니다.

— (한국에) 대출기관이 전무하다고 해서 그와 유사한 기관을 세
울 능력 자체가 없다는 말은 아니다. 단지 한국인들은 그런
것을 필요로 하지 않았을 뿐이고, 필요한 경우 토마스 쿡의
여행자 수표책에 결코 뒤떨어지지 않을 만큼 매우 지혜로운
여행환도 개발해냈다. 즉 여인숙 주인 연합회가 여행자의 편
의와 도난 방지를 위해 정한 규칙에 따라 여행길에 머문 최초
의 여인숙 주인에게 일정 금액을 지불한 뒤 받은 영수증을 가
지고 이후 여정에 필요한 모든 것을 공급받을 뿐만 아니라 필
요한 현금도 찾아 쓰는 것이다. 이 모든 것이 한반도 전역에

세계가 놀란 개성회계의 비밀

걸쳐 이미 오랫동안 지속돼온 뛰어난 재정 조직, 그리고 여인숙 주인 연합회의 훌륭한 회계 능력을 보여준다. 여행객이 규칙을 어기거나 악용한 경우는 한 번도 없었다고 한다.

세로셰프스키는 한국인들이 가지고 있던 회계의 철학과 원리를 파악한 뒤 감탄을 금치 못했어요. 하지만 후쿠자와 유키치는 회계의 기술적 측면만 보고 성급히 예단해 일본은 물론 한국에까지 일방적으로 서양 복식부기를 쓰도록 강요했습니다. 정작 자신은 회계의 철학이나 원리는 고사하고 기초적인 기술조차도 이해하지 못했으면서 말입니다. 일제강점기 동안 우리의 경제는 철저하게 수탈당했으며, 기반이 송두리째 무너져 내렸고, 대대로 이어져 온 전통 회계법은 뿌리를 내리지 못한 채 서양 복식부기에 자리를 내주고 말았습니다."

해방, 전쟁 그리고 IMF 외환위기

"마침내 꿈에도 그리던 해방이 되자 한국 경제학자들은 본격적으로 개성상인들의 고유한 회계법과 근대적 기업 문화 등을 연구하기 시작합니다. 그러나 한국전쟁이 터지면서 이러한 노력은 물거품이 되고 맙니다. 전쟁과 분단만 없었더라면 개성상인들에 대한 연구는 더욱 활발하게 진행됐을 것이고, 개성은 옛 영광을 회복하며 자본주의의 성지로 재탄생했을지도 모릅니다.

1948년에 수립된 대한민국 정부에서는 1958년이 돼서야 미국공인회계사협회(AICPA)의 정의에 맞게 외부 정보 이용자를 겨냥한 '기업회계 원칙'을 제정합니다. 그동안 한국 정부는 기업회계의 실무 속에서 발달한 제 원칙을 찾기 위해 동분서주했지만, 제일 가까운 곳에 있는 우리 고유의 사개송도치부법과 회계 실무의 우수성은 미처 깨닫지 못하고 머나먼 미국을 중심으로 전 세계를 돌아다녔습니다.

미국에서 도입한 회계 실무는 상인들의 실무 속에서 형성돼온 우리 고유의 회계 용어와 충돌을 일으켰습니다. 진실성의 철학과 정교함의 기술을 모두 포괄하고 있는 사개송도치부법과 달리, 1958년에 도입된 회계 실무는 회계 기술에 불과했습니다. 확고한 윤리 의식과 철학을 갖추지 못한 서양 복식부기가 우리 기업의 회계 실무로 자리 잡은 것입니다. 이후 지난 1997년에 발생한 IMF 외환위기 발생 후 1998년 금융감독위원회의 출범과 더불어 IMF와의 약속에 따라 기업회계기준을 국제적 회계 수준으로 개선했습니다. 기업의 경영 성과와 기업 내용이 정확히 재무제표에 반영되도록 함으로써, 기업 경영의 투명성을 높이고 재무 정보에 대한 국내외의 신뢰성을 제고할 목적으로 기업회계기준을 대폭 개정한 것입니다."

분식회계는 분식집 회계장부?

"분식회계라는 말 많이 들어보셨죠? 저는 어렸을 때 이 말이 분식집의 회계장부를 가리키는 줄 알았습니다. 설마 지금도 그렇게 알고 계신 분은 안 계시겠죠?"

순식간에 커다란 웃음소리가 강당 안을 가득 메웠다.

"'분식(粉飾)'이란 실제보다 좋게 보이려고 거짓으로 꾸미는 것을 말합니다. 여자들이 예쁘게 보이려고 분칠을 하잖아요? 그것처럼 회사의 실적을 낮게 보이려고 장부에 분칠을 하는 것을 가리킵니다. 예를 들어 없는 매출을 허위로 기록한다든지, 관계 회사 매출액을 이중으로 작성한다든지, 위장 계열사를 차려 거래 내역을 조작한다든지 하는 것입니다. 이는 주주와 하도급업체, 채권자 등에게 큰 피해를 끼치게 됩니다. 따라서 법으로 엄격히 금하고 있는 행위입니다. 기업은 분식회계를 막기 위해 감사를 둬야 하고, 공인회계사로부터 회계 감사를 받게 돼 있습니다.

하지만 무엇보다 중요한 것은 회계의 투명성과 진실성을 실천하고자 하는 확고한 철학과 윤리 의식을 가지는 것입니다. 수단과 방법을 가리지 않고 돈을 벌고, 편법으로 회계장부를 조작해 부를 축적하며, 교묘하게 법망을 피해 부를 세습하는 것은 결코 올바른 기업가 정신도 자본주의의 원리도 아닙니다. 우리 조상들, 특히 개성상인들은 분명한 경제 윤리와 경영 철학을 가지고 고도의 상술을 발전시켜왔고, 발달한 복식부기를 계승해왔습니다. 그런데 지금 우리는 이를 까맣게 잊어버렸습니다. 기업에서도 우리의 치부법에 따라 회계장부를 기록하지 않으며, 학교에서도 민족 고유의 부기법을 가르치지 않습니다. 만약 개성상인들의 회계장부에 나타난 책임성과 정직성을 중·고등학생들에게 가르친다면 세계적 수준의 기업회계에서 요구하는 경영 윤리와 국제기준에 맞는 회계의 투명성을 쉽게 이해시킬 수 있을 겁니다. 그렇게 배운 학생들이 나중에 기업가가 되고 회사원이 되면, 분식회계와 부정부패라는 말이 사라지고 청렴이 생활화되는 대한민국이 만들어질 수 있을 겁니다.

이상입니다. 다음 주가 벌써 마지막 시간이네요. 다음 주에
뵙겠습니다. 감사합니다."

유민의 열띤 강의에 모든 직원이 열렬한 박수로 화답했다.
허리 숙여 인사하는 유민의 이마에서 한 줄기 땀방울이 주르
륵 흘러내렸다.

4차 산업혁명 시대를 이끄는
개성상인의 후예들

4강

4차 산업혁명 시대를 이끄는
개성상인의 후예들

드디어 유민의 네 번째 강의 시간이 임박했다. 강당 안 분위기
는 어느 때보다 차분했지만 묘한 술렁임이 있었다. 마지막이
라는 데 대한 아쉬움인지 드디어 끝났구나 하는 안도감인지
알 수 없었다.

강단 앞문으로 세 사람이 나란히 입장했다. 약간의 긴장감
이 흘렀다. 오신용 사장과 유민 그리고 초로의 신사 한 분이었
다. 남자와 악수를 나눈 뒤 오신용 사장은 자리로 가 앉았다.
강단에는 유민과 낯모를 신사만이 남았다. 유민이 먼저 마이
크를 잡았다.

"안녕하세요? 유민입니다. 벌써 마지막 시간이 됐네요. 시
원하신가요, 아니면 아쉬우신가요? 저는 시원하기도 하고 아
쉽기도 하고 그러네요. 아무튼 그동안 감사했습니다."

세계가 놀란 개성회계의 비밀

"너무 아쉽습니다!"

앞쪽에 몰려 앉은 홍보팀과 마케팅팀 그리고 연구실 직원들이 이구동성으로 외쳤다.

"네, 정말 고맙습니다. 오늘은 특별한 분을 소개하려고 합니다. 바로 제 아버지이십니다. 마지막으로 말씀드리고 싶었던 건 개성상인의 후예들에 관한 내용입니다. 해방과 전쟁을 겪으면서 개성상인들은 고향을 떠나 대거 남쪽으로 내려오게 됩니다. 그분들이 대한민국을 터전으로 개성상인의 맥을 이어오고 있는 거죠. 이들의 활약상에 대해서는 저보다 아버지께서 훨씬 더 자세히 알고 계시기 때문에 아버지를 강사로 모셨습니다. 사실 많이 고민해오던 것인데요. 지난번 강의를 마치고 나서 팀장님, 부장님과 상의한 끝에 최종적으로 사장님 허락을 받았습니다. 물론 아버지께도 여러 번 졸라서 승낙을 얻어냈고요. 사장님과 아버지께 감사드립니다. 자, 그럼 오늘의 강사인 제 아버지를 모시겠습니다."

강당 안에 묵직한 박수갈채가 퍼져 나갔다.

"감사합니다. 유민의 아비인 유건철입니다. 오로라식품 임직원 여러분을 직접 뵙게 돼 참으로 기쁩니다. 인턴사원에 불과한 제 딸에게 이토록 귀한 기회를 주신 오신용 사장님께 뭐라 감사를 드려야 할지 모르겠습니다. 실은 딸아이가 일하는 직장에 한번 와보고 싶었는데…, 뜻하지 않게 강의까지 하게 돼 좀 부담스럽기도 했습니다. 하지만 민이를 위한 일인 데다가 저 또한 이 기회를 빌려 꼭 드리고 싶은 말씀도 있고 해서 용기를 냈습니다."

"감사합니다, 아버님!"

"많이 가르쳐주세요!"

현금흐름을 파악하는 흥정의 기술
—

현금의 중요성 그리고 흥정

"지금까지 강의를 들어서 잘 알고 계시겠지만 개성상인들이 가장 중요하게 생각했던 건 바로 현금의 흐름입니다. 그들은 회계장부에 현금 계정을 설정해 오늘날 은행에 당좌 거래를 개설하고 현금 출납을 관리한 것과 동일한 원리로 현금을 관리했습니다. 현재 전 세계 기업인들의 공통된 관심사는 현

금 유동성 확보입니다. 분야를 막론하고 현금 없이 영업을 수행하는 것은 불가능합니다.

혹시 민이가 이야기했나요? 루카 파치올리는 《산술집성》 제1장에서 '기업을 경영할 때 가장 중요한 것은 현금과 현금성 자산의 기입'이라고 말한 바 있습니다. 개성상인들은 누구보다 이를 잘 알고 있었습니다.

우리 이두에 '흥정(興成)'이라는 단어가 있습니다. 물건을 사고파는 거래를 성사시키는 것을 말하지요. 현금흐름이 항상 계속되게 만드는 사람을 영어로는 '비즈니스맨'이라고 하는데, 개성상인 용어로 하자면 '흥정을 잘하는 사람'입니다. 개성상인들은 현장에서 즉석으로 거래를 성사시키는 능력이 탁월했습니다. 차변에 해당하는 '장차 줄 것'과 대변에 해당하는 '장차 받을 것'의 수지타산을 순식간에 파악해 계산했기 때문입니다. 이런 회계 금융 능력은 오늘날 금융시장에서 가장 절실히 요구되는 능력이기도 합니다.

강의 자료를 잠깐 봐주시겠습니까?

예를 들어 다음과 같은 거래가 발생하려고 할 때 오로지 현금으로만 거래할 줄 아는 사람이라면 또는 외상 거래 경험은 있으나 실제 거래 성사 능력이 부족한 사람이라면 거래는 흥정이 되지 않고 무산될 게 뻔합니다.

━ 하재일기 5 병신년(1896) 9월 23일 을묘 흐림.

원심(元心)이 서울에서 내려왔는데, 익준이 보낸 시와 약재를

가져왔다. 김정호(金貞浩)에게 요강값 500냥을 추심(推尋)했는

데, 그 가운데 200냥은 함경빈(咸京賓)의 어음조로 제외하고

실제 300냥만 내려왔다. 그중에 각인들의 홍성조(興成條) 53

냥 2전은 원심이 추심하여 들여온 것이다.

박영진 가의 회계장부에 나오는 사례입니다. 원심이라는 차
인을 서울로 파견하여 외상으로 판매한 대금 500냥을 추심해
받아오라고 보냈는데, 외상으로 구입한 김정호가 함경빈에게
나중에 받으라는 환어음 200냥을 제외하고 300냥만 현금으
로 줬습니다. 이에 차인 원심은 복잡해진 거래를 성사시키면
서 그 거래를 성사시킨 대가로 홍정수수료 53냥 2전을 더 받
아온 것입니다.

이 기록을 오늘날의 현대 회계로 분개해보면 그 아래에 있
는 표와 같이 됩니다.

세계가 놀란 개성회계의 비밀

현금	300냥	김정호 외상매출금 500냥
받을어음	200냥	
현금	53냥 2전	각인 흥정수수료 53냥 2전

　이처럼 개성상인들은 현금이 부족한 경우에도 복잡해진 현장에서 거래를 무산시키지 않고 끝까지 성사시키는 회계 금융 능력을 발휘했습니다. 개성상인들은 일기장에 규칙적으로 '시재(時在)'라는 표현을 사용해 현금 밸런스를 표시함으로써 차변에 항상 현금 잔액이 남아 있는 것을 확인했습니다."

경영의 제1 원칙

　"개성상인들의 회계 금융 능력은 무산될 뻔한 거래를 성사시키는 힘으로 나타났을 뿐 아니라 현대 기업들에 가장 중요한 유동성 확보에서도 진가를 드러냈습니다. 기업의 경영 능력은 현금흐름을 파악하는 데서부터 출발한다는 경영의 제1원칙을 이미 체득하고 있었던 거죠. 이러한 능력은 21세기 문턱에서 전 세계인들이 지켜보는 가운데 유감없이 발휘됐습니다. 1997년 한국에서 IMF 외환위기가 발생했을 때 정경유착과 부정부패에 연루돼 대기업들이 줄줄이 도산했지만 개성 출신 기업 중에는 도산한 기업이 한 곳도 없었습니다.

이 무렵 IMF와 세계은행은 한국 경제 전반에 걸쳐 강도 높은 구조개혁을 요구했습니다. 핵심은 기업의 현금흐름에 대한 정보 인식을 철저히 하라는 것이었죠. 1997년 이전에 이미 국제사회에서 기존 대차대조표의 유용성에 대한 문제점을 제기했지만 한국은 이를 외면했습니다. 1993년 10월에 개최된 제18차 국제증권감독자기구(IOSCO) 회의에서도 회원국은 현금흐름표를 작성할 것을 결의한 바 있습니다. 이와 같은 국제사회의 새로운 조류를 한국의 대기업들은 적극적으로 수용하였고, 개성상인의 후예 기업들은 선조들로부터 귀에 못이 박이도록 들었기에 현금흐름표의 중요성을 잘 알고 있었습니다."

현재와 미래를 동시에 인식하는 거래의 기술
—

거래란 무엇인가?

"그럼 거래란 무슨 뜻일까요?"

갑작스러운 유건철의 등장으로 분위기가 다소 경직된 탓인지 아무도 선뜻 대답하는 사람이 없었다. 유건철은 좌중을 휘한번 둘러본 다음 부드러운 음성으로 설명을 이어갔다.

"쉽게 생각하시면 됩니다. '거래'란 '갈 거(去)'자와 '올 래(來)'자가 합쳐진 단어입니다. 그러니까 '가고 오는 것'을 거래라고 생각한 겁니다. 개성상인들은 본능적으로 현재와 미래를 동시에 인식하는 이중성을 발달시켜왔습니다. 거래라는 단어만 봐도 이를 잘 알 수 있죠. 어느 한쪽만이 아니라 주기도 하고 받기도 하고, 가기도 하고 오기도 하는 양쪽 모두를 인식하는 단어가 바로 거래입니다. 영어로는 '트레이드(trade)'라고 하죠. 후쿠자와 유키치는 이를 '취인(取引)'이라고 번역했습니다. '취하다', '끌어당기다'라는 뜻입니다. 이는 어느 한쪽 방향만을 인식하는 단어입니다. 거래보다 훨씬 좁고 근시안적인 의미를 가진 말이지요. 일본인들과 달리 한국인들이 일찍부터 거래라는 단어를 사용해온 것은 복식부기를 탄생시킨 종합적 회계 능력이 몸에 배어 있었기 때문입니다. '어디로 가는 것(going to where)'과 '어디로부터 오는 것(coming from where)'을 동시에 인식함으로써 '거래'라는 용어가 생긴 것이죠."

복식 = 현재 + 미래

"복식부기라는 말은 우리가 너무 많이 들어서 잘 알고 있습니다. 이를 좀더 구체적으로 들여다볼까요? '복식(複式, double)'이란 거래의 이중성 또는 대칭 관계를 의미하는 말입니다. 즉 차변 계정과 대변 계정, 일기장과 원장 2개의 주요 장부, 불망기(不忘記, 잊지 않기 위해 적어놓은 글이나 문서)에서 일기장으로 또 일기장에서 원장으로 두 번 옮겨 적기, 두 차례에 걸친 이중 점검 등에서 기원한 단어입니다. 현대 회계 이론을 정립한 미국 회계학자 어낼리어스 리틀턴(Analias Littleton)은 《회계발달사》에서 복식이란 '2개의 장부, 2번의 기장, 2개의 계정'이라고 정리한 바 있습니다.

개성상인들이 사용한 현재의 현금흐름을 미래의 현금흐름과 연계시키는 분개구조는 오늘날 현금흐름표를 작성할 때 재무상태표상 순자산의 변화와 유동성과 지급 능력을 포함하는 유동구조, 그리고 미래의 변화에 적응하기 위해 현금흐름을 조절하는 능력을 평가하는 데 초점을 맞추는 것과 정확히

세계가 놀란 개성회계의 비밀

일치합니다. 이는 6년근 인삼을 아무런 사고 없이 생산하고 판매하기 위해서 개성상인들이 고안해낸, 현금흐름을 중시하는 분개구조입니다. 개성상인들의 분개 원리는 과거의 죽어 있는 회계 정보가 아니라 현재와 미래에 유용한 살아 있는 회계 정보를 생산해냅니다. 개성상인들이 시재액으로 표시한 정보는 현금 및 현금성 자산의 흐름을 파악하기 위함이며, 받을어음과 지급어음 계정을 중점적으로 활용한 것은 삼포 경영의 특성상 현금흐름의 미래 가치와 현재 가치를 동시에 측정하기 위함입니다.

복식부기는 결코 잊어서는 안 될 미래에 벌어질 일들을 현재의 거래 기록에 명시하는 것이기 때문에 일기장의 핵심 사항은 이 사실을 현재와 미래로 분명히 구분해서 기록하는 것입니다. 그러므로 어떤 회계 기록이 복식부기인가 아닌가를 판단하는 첫 번째 기준은 현재의 기록 안에 미래에 일어날 사실을 담아내는 규칙성이 있는가 하는 것입니다."

리틀턴의 '미래에 대한 감각'과 개성상인들의 '차(次)'

"현대 기업은 계속기업이어야 합니다. '계속기업(繼續企業,

going concern)' 이란 기업 본래의 목적을 달성하기 위해 계속적인 재투자 과정에서 구매, 생산, 영업 등 기본 활동을 꾸준히 수행해나가는 기업을 가리킵니다. 투자한 원금을 회수하면 바로 청산에 들어가는 일회적 사업과는 다른 거죠. 기업은 계속적으로 존재한다는 가정 아래 사업을 영위하는 조직을 일컫습니다. 기업을 무생물이 아닌 생명을 가진 조직체로 보는 겁니다. 이 계속기업에 반드시 필요한 것이 미래에 대한 명확한 인식입니다. 미국 회계학의 아버지로 불리는 리틀턴은 이를 '미래에 대한 감각(The Sense of futurity)' 이라고 정의했습니다.

그의 말을 그대로 옮겨보겠습니다.

— The Entries are definitely stated as memoranda of expected future occurrences, not of present happenings.

번역하면 이런 말이 되겠죠.

— 장부를 기입할 때는 반드시 현재 일어난 일이 아니라 미래에 발생할 것으로 예상되는, 즉 결코 잊어서는 안 되는 사실을 기술해놓아야 한다.

자료를 다시 한 번 봐주시겠습니까? 리틀턴의 '미래에 대한 감각'과 개성상인들의 '차(次)'를 연계시키면 다음과 같습니다.

— '다음에 줄 것(給次) - 상(上)' : X shall later give what he now receive.(대변 X)

X는 지금 그가 받은 것을 나중에 반드시 줄 것이다.

— '다음에 받을 것(捧次) - 하(下)' : Y shall later receive what he now give.(차변 Y)

Y는 지금 그가 준 것을 나중에 반드시 받을 것이다.

개성상인들의 일기장은 이와 같이 복식부기 기록이 갖추어야 할 현재와 미래의 이중 시점을 동시에 갖추고 있습니다. 이탈리아 복식부기에서도 불망기가 가장 중요한 기록인 이유는 미래 시점에 이루어질 거래 내용을 현재 이루어진 거래의 기록 속에 고스란히 남기기 때문입니다. 마찬가지로 개성상인들의 일기 기록은 현재 발생한 거래를 반드시 미래에 진행할 사실과 연관시키기 위해 서로 반대 위치를 지시하는 전문 용어를 규칙적으로 사용합니다. 예를 들어 현재 시점에서 지급한 거래 내역을 미래 시점에서 받아야 할 거래 내역과 함께 나타내는 것이 바로 '채급(債給)'과 '봉차(捧次)'입니다.

이것이 개성상인 고유의 거래 분석 논리입니다. 개성상인들이 기록한 일기장은 책임(liabilities = shall give, 다음에 반드시 줘야 하는 것, 즉 급차)과 권리(asset or property right = shall have, 다음에 반드시 받아야 하는 것, 즉 봉차)를 통상적으로 사용하는 상식 수준의 기록이 아니라 거래를 차변과 대변으로 분석하는 전문 용어를 구사하여 이 같은 일련의 규칙성을 적용했던 것입니다.

개성상인들을 기준으로 보자면 성공한 기업가란 매일 새벽같이 일어나 먼저 하늘에 기도하고 나서, 꼼꼼하고 정확하게 현재와 미래를 반영한 일기장을 기록하는 사람입니다."

다시 부각되는 개성상인

거상 임상옥과 소설 《상도(商道)》

"임상옥이라는 분에 대해 알고 계십니까?"

"아, 그 왜 예전에… 드라마에 나왔던 주인공 말씀이신가요?"

분위기를 부드럽게 만들려는 듯 앞쪽에 있던 이도양 부장이 나긋한 목소리로 대답했다.

"네, 맞습니다. 십수 년 전에 대단한 인기를 누렸던 텔레비전 드라마 〈상도〉의 주인공입니다. 드라마의 원작이 최인호 작가의 동명 소설 《상도》라는 건 다들 잘 아실 겁니다. 조선 후기를 대표하는 상인 집단으로는 한양을 중심으로 한 경상(京商), 부산 왜관을 중심으로 대일 무역에 종사하던 내상(萊商), 평양을 중심으로 한 유상(柳商), 그리고 의주의 만상과 개성의 송상 등이 있었습니다. 임상옥은 1779년 의주에서 태어나 만상으로 활동하다가 나중에 송상이 된 인물입니다. 최초로 국경지대에서 인삼 무역권을 독점해 천재적인 상업 수완으로 거상이 됐습니다.

1821년 변무사를 수행하여 청나라에 갔을 때 베이징의 상인들이 인삼값을 낮추기 위해 단체로 불매운동을 벌이자 그는 사람들이 모인 시가지에서 인삼을 불태웠어요. 그럼으로써 베이징의 상인들로 하여금 인삼과 홍삼 매물이 줄고 있다고 인식하게 만들어 결국 동맹을 깨뜨리고 그가 부르는 비싼 값 그대로 구매하게 했다고 하죠. 그는 막대한 재화를 벌어들였지만 이를 굶주리는 백성과 수재민을 구제하는 데 사용했으며, 말년에는 자신에게 빚을 진 사람들을 불러모아 그들의 빚을 없애주고 금덩이까지 하나씩 줘서 돌려보냅니다.

— 재물은 평등하기가 물과 같고, 사람은 바르기가 저울과 같다. 장사란 이익을 남기기보다 사람을 남기기 위한 것이며, 사람이야말로 장사로 얻을 수 있는 최고의 이윤이고, 따라서 신용이야말로 장사로 얻을 수 있는 최대의 자산이다.

임상옥이 남긴 말입니다. 그의 경영 철학과 경제 윤리의 내공을 잘 보여줍니다.

최인호 작가는 생전에 이 작품을 쓰게 된 이유에 대해 이렇게 밝힌 적이 있습니다.

— 이데올로기도 사라지고 국경도 사라진 이 시대야말로 경제의 세기입니다. IMF 외환위기는 우리 경제에 도(道)가 없었기 때문에 생긴 일입니다. 한국 역사에 실재했던 '상업의 성인'을 통해 한국 사회에 경제 철학의 모델을 제시하고 싶다는 생각에 쓰게 되었습니다.

세계가 놀란 개성회계의 비밀

작가의 말대로, 이 땅에 서구 자본주의 경제체제가 들어선 이래 우리 기업들은 적자생존과 약육강식의 논리에 매몰돼 도가 없는 장사에만 혈안이 됐던 게 사실입니다. 그러나 임상옥이 자신의 삶을 통해 증언한 것처럼 올바른 상도야말로 건강하고 부강한 사회와 국가를 만드는 지름길입니다. 개성상인들이 고려 시대 때부터 지켜온 상도의 맥락도 이와 같습니다. 지금도 개성상인들의 이 같은 상도는 온전히 지켜지고 있습니다."

제4차 산업혁명과 개성상인

"바야흐로 우리는 21세기 제4차 산업혁명 시대를 살고 있습니다. 초연결과 초지능을 특징으로 하는 제4차 산업혁명은 모든 것이 빠르고 복합적이며 광범위하게 변화하는 시대입니다. 이런 무한경쟁 시대에는 아무리 초일류 기업이라 해도 주도적으로 변화를 따라가지 못하면 순식간에 나락으로 떨어질 수밖에 없습니다. 그러다 보니 갈수록 새로운 기술을 배우고, 새로운 지식을 익히며, 새로운 경영 비법을 전수받고자 하는 사람들이 넘쳐납니다.

하지만 역설적이게도 모든 것이 급변하는 환경에서 당장의 필요나 유행을 좇아 기술을 배우고, 지식을 익히며, 경영 비법을 모방하는 것은 매우 위험한 일입니다. 이럴 때 정말 중요한 것은 오랜 역사를 통해 검증된, 보편적이면서도 기본에 충실한 선조들의 경영 철학과 경제 원리를 배우고 실천하는 일입니다. 수많은 전쟁과 기근과 환란과 공황을 겪으면서 경험을 통해 축적된 인류의 지혜와 교훈은 어떠한 환경 변화 속에서도 그 빛을 쉽사리 잃지 않는 법입니다.

역사 속의 유명한 상인들과 경영자들이 다시금 주목받는 이유가 바로 여기에 있습니다. 오늘날 우리가 관심을 가지고 주의 깊게 살펴야 할 대상은 개성상인들입니다. 이들은 불과 얼마 전까지만 해도 이 땅의 역사 속에서 이탈리아의 베네치아상인, 이스라엘의 유대상인, 중국의 화상(華商), 일본의 오사카상인들과 어깨를 나란히 했습니다."

개성상인들의 경영 철학과 원리

"은행에서 일하는 동안 저는 개성상인의 후예들을 많이 만났습니다. 금융 거래나 상담도 했지만 일과 무관하게 그들이

세계가 놀란 개성회계의 비밀

대한민국에서 기업을 어떻게 경영하면서 조상들로부터 배운 상도를 실천하고 있는지 궁금했기 때문입니다. 그들과 대화를 나누고 회사 분위기를 살피며 나름대로 기업 경영과 구조 등을 파악해본 결과 몇 가지 공통점을 발견했습니다.

첫째, 많은 기업인이 한 우물만 파는 전략을 유지하고 있었습니다. 한국전쟁 후 급성장한 대기업의 문어발 전략과 정반대입니다. 그때그때 잘되는 사업을 찾아 한눈을 팔지 않고 한 업종에만 선택과 집중을 한다는 이야기입니다. 이는 한정된 자원을 가장 경쟁력 있는 분야에 투자하는 개성상인 특유의 고집스러움이기도 합니다.

둘째, 여기저기서 돈을 빌려 남의 돈으로 사업하는 사람이 드물었습니다. '남의 돈 쓰지 말라.' 이것은 현금흐름과 신용을 가장 중요시하는 개성상인들의 특징입니다. 이처럼 보수적인 무차입 경영을 하면 어지간한 어려움에도 끄떡없는 안정적인 재무구조를 이룰 수 있습니다.

셋째, 대부분 인간 존중의 경영을 하고 있었습니다. 임상옥의 말처럼 '장사란 이익을 남기는 것이 아니라 사람을 남기는 것'이라는 철학을 가지고 있기 때문입니다. 따라서 이들은 사원들을 돈을 주고 부리는 일꾼으로 대하지 않고 함께 살아가는 가족으로 대했습니다.

넷째, 이들 기업에서는 정직성과 정확성을 생명처럼 여기고 있었습니다. 정직하게 만든 제품과 서비스를 정직하게 팔아 정확하게 세금을 내고 재무제표를 작성하는 것입니다. 이같은 윤리 경영은 사회적 책임과 공동체 정신을 강조하는 개성상인들의 상인정신입니다.

다섯째, 장인정신을 가지고 있었습니다. 오늘날 개성상인들의 명품 생산은 세계 최고의 명품을 생산한 고려의 후예임을 증명하는 DNA입니다. 최고의 제품과 서비스가 아니면 만족하지 못하는 겁니다. 소비자를 현혹해 부실한 물건을 판매하는 한탕주의는 개성상인들이 가장 경멸하는 일이었습니다.

여섯째 해방과 전쟁을 겪는 동안 남쪽으로 내려온 개성상인의 후예들은 하나같이 무일푼에서 시작해 기업을 일궜습니다. 인삼과 황금을 싸 들고 내려온 게 아니었습니다. 따라서 이들은 근검절약이 몸에 배어 있었고, 일벌레였으며, 어떤 경쟁자들보다 더 부지런했습니다.

일곱째 다른 기업인들과 달리 이들에게는 투철한 애국애족 정신이 있었습니다. 나라와 민족이 있어야 기업도 있고 가족도 있으며, 좋은 기업을 만드는 것이 곧 애국하는 길이라고 굳

세계가 놀란 개성회계의 비밀

게 믿었습니다. 고려와 조선과 대한제국의 흥망성쇠를 뼈저리게 체험했기 때문일 겁니다.

이상과 같은 개성상인들의 경영 철학과 원리는 먼 옛날 있었던 과거의 유산이 아니라 현재 우리가 당면한 문제를 해결하고, 앞으로 다가올 제4차 산업혁명 시대에 대비하기 위해 꼭 필요한 민족 고유의 기술이자 지식이며 경영 비법입니다.

이제부터는 이를 직접 실천하고 있는 대표적인 개성상인 후예 기업들에 대해 하나하나 살펴보겠습니다."

한 우물만 파는 개성상인의 후예, OCI

세계적인 화학 에너지 전문 기업을 꿈꾸는 OCI

"여러분, 'OCI'라는 회사 이름 들어보셨나요?"

알은체하는 사람들도 눈에 띄었으나 대부분 생소하다는 표정이었다.

"외국 회사인 줄 아는 분들도 계시는데, 순수한 한국 기업입니다. 60년 가까운 세월 동안 오직 화학 엔지니어링 기술을 바탕으로 화학 사업 분야에만 매진해온 초우량 기업입니다. 현재는 태양광 발전 등을 통해 세계적인 그린 에너지 전문 기업으로 도약하기 위해 준비 중입니다. 폴리실리콘(polysilicon) 이 뭔지 아십니까? 태양광에너지 산업의 핵심인 태양전지 원재료입니다. OCI는 폴리실리콘 생산 세계 2위 기업입니다. 서울시 중구 소공로에 본사가 있고, 군산·광양·포항 등 국내와 중국·미국 등 해외에 43개의 자회사를 두고 있습니다. 2017년 말 기준으로 3,800여 명에 달하는 직원이 연간 약 3조 6,300억 원 이상의 매출을 올리고 있으며, 영업이익은 2,800억 원을 웃돕니다. 국내보다 외국에 더 많이 알려진 정말 대단한 기업입니다."

유건철의 설명을 듣고 난 직원들은 깜짝 놀라는 반응을 보였다. 이름도 생소한 기업이 그렇게 잘나가고 있다는 게 잘 믿기지 않는 모양이었다.

인천 해안 매립지 80만 평 위에 준공된 동양화학 공장

"OCI의 창업자는 마지막 개성상인으로 불리던 고 이회림

세계가 놀란 개성회계의 비밀

회장입니다. 그는 1917년 개성군 만월동에서 2남 3녀 중 장남으로 태어났습니다. 그의 선친은 중국과 백삼(白蔘), 즉 햇볕에 말린 인삼을 교역하던 상인이었습니다. 열세 살 어린 나이에 아버지를 여읜 그는 송도보통학교를 졸업하자마자 잡화 도매상에 점원으로 들어가 송상으로서의 자질을 갈고닦았습니다. 그는 월급도 주지 않는 상점에서 3년 반 동안 일하며 자전거를 타고 배달을 도맡아 했고, 밤늦도록 초일기장을 기록하며 사개송도치부법을 익혔습니다. 열여덟 살이 되던 해에 동갑인 박화실 여사와 혼례를 치른 그는 송도 일류 포목상인 강형근 상점으로 일터를 옮겼습니다. 중일전쟁으로 면화 가격이 치솟아 상점 일이 바빠지자 경성 북창동에 지점이 설치됐고, 청년 이회림이 책임자가 돼 점포를 운영했습니다. 당시 그는 1년 중 300일은 지방으로 출장을 다녀야 했는데, 그러면서 사업 감각을 익혔습니다.

해방 이후 서울로 온 그는 사업 자금을 마련해 종로 한복판에 포목 도매업을 하는 이합상회를 차려 기반을 다진 뒤 개풍상사라는 간판을 걸고 무역상으로 뛰어듭니다. 한국전쟁으로 위기를 맞았지만, 휴전이 되자 강원도 영월에 있는 대한탄광을 인수해 적자에 시달리던 탄광을 흑자로 돌려놓습니다.

이 무렵 그는 소다회(soda ash) 공장 건설을 추진하던 김승호 씨로부터 인수 제안을 받습니다. 소다회는 탄산나트륨 무수물의 공업용 이름으로, 가성소다로 불리는 수산화나트륨과 함께 소다 공업의 양대 제품 중 하나입니다. 용도는 유리 제품 제조뿐만 아니라 비누, 세제 배합용, 종이펄프, 고무 재생 등 다양합니다.

더구나 이 사업에는 DLF(Development Loan Fund) 차관 560만 달러가 책정돼 있었습니다. 개발차관기금으로 불리는 DLF는 후진국을 대상으로 대부 형식으로 경제 원조를 하는 미국의 대외 원조 기구입니다. 이회림 회장이 이 일에 특별히 관심을 보인 것은 소다회가 이토록 쓰임새가 많고 나라 경제를 위해 꼭 필요한 제품인데도 국내에 소다회 제조 공장이 한 곳도 없어 전량 미국과 일본에서 수입해야 한다는 암울한 현실 때문이었습니다.

그는 과감히 소다회 공장 건설에 착수합니다. 본격적으로 동양화학의 닻을 올린 겁니다. 공장 부지로 선택한 곳은 인천이었습니다. 원료 공급이 쉽고 제품 수요처도 경인 지역에 몰려 있었기 때문입니다. 수많은 난관이 있었지만 그는 포기하지 않았습니다. 원천기술을 가진 외국 기업들을 설득해 기술 용역 계약을 체결하고, DLF 차관을 조건이 더 좋은 USAID(United States Agency for International Development, 미국의 대외 원조 실시 기관) 차관으로 변경했으며, 전후 경제 복구에 전념하던 정부의 협조를 얻어냈습니다.

일본 IHI사와 협상 끝에 360만 달러에 공장을 건설하기로 계약한 그는 남은 200만 달러로 PVC 공장을 짓기로 결심합니다. 국내 자본이 빈약하던 시절 공장 하나라도 더 짓는 것이 곧 애국하는 길이라는 생각에서였습니다. '사업보국' 이것은 이회림 회장의 기업 철학이었습니다. 인천 학익동과 옥련동 앞 해안 80만 평을 매립해 공단을 조성하는 일은 거친 바다와 싸워야 하는 악전고투의 연속이었습니다. 그러나 그는 이 모든 어려움을 이겨내고 1968년 11월 8일, 마침내 동양화학 준공식을 갖습니다. 준공식에는 대통령을 비롯해서 정계와 재계, 지역 인사와 외국 손님 등이 대거 참석해 대역사의 현장을 둘러보며 감탄을 금치 못했습니다."

평생 지켜온 개성상인의 상도

"대역사의 결실을 보긴 했지만 사업은 순탄치 않았습니다.

수요가 많은 대기업은 외국에서 제품을 대량으로 수입해 쌓아놓고 있었기에 구매가 일어나지 않았고, 일본에서는 덤핑 물량이 쏟아져 들어왔습니다. 하지만 공장 가동을 멈출 수는 없었습니다. 365일 가동을 계속하지 않으면 값비싼 기계들이 부식되면서 부산물도 나오지 않기 때문입니다. 결손이 눈덩이처럼 불어났습니다. PVC 또한 여러 공장의 난립으로 경쟁이 치열해지면서 가격이 폭락했습니다. 설상가상으로 정부에서는 수입 자유화 품목에 소다회를 포함시켰습니다.

결국 이회림 회장은 자신의 집을 팔아 회사 운영비로 충당합니다. 천신만고 끝에 조금씩 회생하기 시작한 동양화학에 절호의 기회가 찾아왔습니다. 선진국에 소다회 수요가 급증하면서 소다회 파동이 일어난 것입니다. 동양화학 제품을 얼마든지 비싼 값에 수출할 수 있게 된 거죠.

하지만 이회림 회장은 그렇게 하지 않았습니다. 파동 이전의 가격으로 국내 고객들에게 판매한 것입니다. 수출로 큰 이득을 보는 것보다 어려움에 처한 국내 기업과 국민을 돕는 것이 먼저라는 생각에서였습니다. 이것이 바로 개성상인으로서 그가 가진 상도였습니다.

그 뒤로도 온갖 시련이 그를 기다리고 있었지만 그는 '투명

세계가 놀란 개성회계의 비밀

경영' 과 '윤리 경영' 이라는 창업 정신을 결코 잊지 않고 정밀
화학과 기초화학의 외길만을 걸어왔습니다. 2000년 이후에는
제철화학과 제철유화를 인수하면서 고부가가치 화학소재 시
장에 진출했으며, 사명을 동양제철화학으로 변경했습니다.

— 개성부기에는 기호가 있어 이 기호를 사용함으로써 길게 서
술하지 않고도 거래 내용을 정리할 수 있는 상당히 조직적이
고 과학적인 부기이다. 따라서 한 번만 설명을 들으면 금방
터득할 수 있어서 조선 상인들이 편리하게 사용할 수 있었다.
특히 개성부기에서 중요한 점은 초일기를 매일 기록하는 것
이다. 상점의 입출금 내역은 물론이려니와 상점 주인의 계획
표, 물품 출입 상황 등을 적고, 특이한 점은 고객이나 이웃 상
점에서 손님이 와서 한마디씩 하는 것도 일일이 적어서 장사
의 정보로 활용한다는 것이다. 상점주나 수사환은 초일기를
매일 또는 2~3일 만에 분석하여 어떤 물품이 인기가 있고 어
떤 상품의 가격이 어느 지방에서 내려가는지 감을 잡고 즉시
대처한다. 불행스럽게도 개성상인의 배타적 보수성 때문에
오늘날까지 개성부기가 보급되지 못하고 역사적 유물이 되
어버린 것이 안타깝다.

뼛속까지 개성상인이었던 그는 생전에 남긴 자서전《내가 걸어온 길》에서 자신이 평생 써왔던 사개송도치부법에 대해 이와 같이 회고했습니다."

> 먼저 사람이 되라

"이회림 명예회장과 저의 집안은 적잖은 인연이 있습니다. 개성상인이었던 저의 할아버지와 이 명예회장은 개성에서 장사할 때 알고 지내던 사이였고, 저의 아버지가 졸업한 송도중학교는 이 명예회장이 다녔던 송도보통학교와 같은 송도학원 소속이었습니다. 이 명예회장은 할아버지에게는 개성상인 후배였고, 아버지에게는 송도학원 선배였던 거죠. 이 명예회장이 개성 출신 사업가들과 개성이 고향인 분들의 모임에 잘 참석하고 챙기셨기 때문에 저도 어렸을 때부터 종종 뵙곤 했습니다. 늘 배움에 열심이었고, 앞장서서 혁신을 주도했으며, 도전정신을 강조했습니다. 그런 한편으로 소탈하고 격의 없던 분으로 언제고 직원들과 삼겹살에 소주 한잔을 마시며 이야기를 나눌 수 있는 경영자였습니다. 언젠가 이런 말씀을 하신 적도 있습니다.

세계가 놀란 개성회계의 비밀

— "먼저 사람이 돼야 세상이 선해져. 그래야 지식이 유용하게 쓰일 수가 있는 거지. 이 사람아, 지식보다 중요한 것이 상식이야. 상식이 없는 사람이 지식이 있으면 위험하고 거친 세상이 되는 거야."

한국전쟁으로 개성이 북한 지역에 편입되자 송도학원은 가까운 인천으로 이전했습니다. 1975년부터 이사로서 학교 운영에 참여한 이회림 명예회장은 1982년부터 2007년 타계할 때까지 제4대 이사장으로 학교 발전을 위해 헌신했습니다. 지금도 학교에 가면 '먼저 사람이 되자' 라는 좌우명이 자연석에 새겨져 있습니다. 그가 남기고 간 교육 철학입니다.

그는 슬하에 3남 3녀를 두었습니다. 1942년 개성에서 출생한 큰아들 이수영은 1978년 사장에 취임한 이래 1992년 부회장을 거쳐 1996년부터 회장으로 기업을 이끌어왔습니다. 그는 2008년 이후 본격적으로 폴리실리콘 사업을 시작했고, 2009년 사명을 지금의 OCI로 변경했습니다. 그는 아버지에게서 배운 대로 뚜벅뚜벅 개성상인 후예의 길을 걸으며 회사를 글로벌 기업으로 성장시켰습니다. 한국경영자총협회 회장으로도 왕성하게 활동하던 그가 2017년 작고한 뒤 현재는 3

세인 이우현 사장이 경영 능력을 발휘하고 있습니다. "

돈 빌려서 장사하지 않는 개성상인의 후예, 신도리코
—

대통령을 놀라게 한 복사기

"어떻습니까? 기업 이야기를 하니 흥미로우신가요?"

"네!"

반응이 뜨거웠다. 유건철은 비로소 안심이 되는 듯 물을 한 모금 마셨다.

"제가 오늘 강의를 준비하기 위해 노트북으로 자료를 작성 해서 프린터로 출력한 뒤 복사를 했습니다. 오로라식품에서 는 일하실 때 어떤 프린터와 복사기를 사용하시나요?"

"그거야 당연히 신도리코 제품이죠."

어김없이 자기 자리에 앉아 있던 총무부장이 손까지 치켜 들며 대답했다.

"네, 그렇군요. 역시 프린터, 복사기, 팩시밀리 등 사무기기

하면 신도리코가 최고죠. 1964년 국내 최초로 복사기를 생산
한 곳도, 1981년 국내 최초로 팩시밀리를 생산한 곳도 모두
신도리코입니다. 그런데 신도리코가 대표적인 개성상인 후예
기업이라는 것을 아십니까?

1960년대 후반에 이런 일이 있었다고 합니다. 청와대 대통
령 집무실에 박정희 대통령과 몇몇 사람이 모여 있었습니다.
이때 박 대통령이 약간 흥분된 표정으로 입을 열었습니다.

— "부총리, 내가 갖고 싶은 물건이 하나 있어요."
  "각하, 그게 뭡니까?"
  "복사기 하나만 사주시오."
  "네? 복사기라뇨?"

당시 외제 복사기 한 대 값이 웬만한 집 한 채 값이었다고 합
니다. 그러니 대통령의 갑작스러운 요청을 받은 김학렬 부총
리로서는 어안이 벙벙할 수밖에 없었겠지요. 그즈음 밖에서
뭔가 소란스러운 기색이 있더니 사람들이 웬 기계 한 대를 들
여왔습니다. 복사기였습니다.

— "야, 이거 원본보다 더 깨끗하게 잘 나오네!"

신문지로 시험 삼아 복사를 해본 박 대통령이 연신 감탄사를 쏟아내며 좋아했습니다.

— "이거, 우리 국산품 맞습니까?"
"네, 국산품입니다."

박 대통령은 당시로써는 최첨단 제품인 복사기 국산화에 성공한 기업 대표와 직원들에게 칭찬과 격려를 아끼지 않았습니다. 그리고 청와대에 들여놓은 복사기값을 정확하게 치렀다고 합니다. 국산 복사기를 가지고 청와대에 들어가 시험 복사를 한 후 박 대통령에게 복사기값을 받아 가지고 나온 사람이 바로 신도리코 창업자인 우상기 회장입니다. "

신도는 서울을 '신송도'로 여긴다는 뜻

"우상기 회장은 1919년 개성군 만월동에서 외아들로 출생했습니다. 앞서 말씀드린 OCI 그룹의 이회림 회장과 같은 동

세계가 놀란 개성회계의 비밀

네에서 태어난 겁니다. 그의 부친은 상당한 토지를 보유한 지주였으며, 직접 직조공장을 운영하는 사업가였습니다. 아버지가 부자인 데다 교육열까지 높았기에 외아들인 우상기는 유치원을 거쳐 개성에서 가장 시설이 좋았던 제일공립보통학교를 졸업한 뒤 전국에서 네 번째로 설립된 개성공립상업학교에 들어갑니다. 상업도시 개성에 세워진 개성공립상업학교는 입학하기가 여간 어렵지 않은 명문 학교였다고 합니다.

개성에서 나고 자라 좋은 학교에서 공부하면서 우상기는 개성 특유의 상인정신이 몸에 뱁니다. 장사에 자신감을 갖게 된 것은 물론 치밀하고 정확한 습관을 갖게 된 것입니다. 그는 누군가와 약속을 하면 언제나 10분 전에 약속 장소에 도착했습니다. 특별한 일이 아니면 정해진 시간을 어김없이 지켰습니다. 숫자 감각도 탁월했습니다. 한번 들은 숫자는 잊어버리지 않고 정확하게 기억했습니다. 이는 사업가로 일할 때 큰 도움이 됐습니다.

개성공립상업학교를 졸업한 청년 우상기는 곧바로 송고실업장에 입사합니다. 윤치호 선생이 설립한 송도고등보통학교에서는 학생들의 실습장으로 직조공장을 운영했는데, 이것이 나중에 송고실업장이라는 회사로 바뀌었다가 개성의 거상인

공성학과 김정호 등의 투자로 성장을 거듭한 겁니다. 송고실업장은 자가발전 시설을 갖춘 대기업으로 회사 안에 식당이 있었고, 공장 내부도 공원처럼 쾌적했습니다. 그가 항상 직원들의 근무 환경에 많은 관심을 가졌던 것은 이때의 경험과 무관치 않습니다. 신도리코 사옥에 가보면 미술관이나 공원 또는 카페에 와 있는 것처럼 벽마다 미술 작품이 걸려 있고, 곳곳에 아늑한 조경 시설이 갖춰져 있으며, 언제든 앉아서 쉴 수 있도록 예쁜 소파와 탁자가 놓여 있는 걸 볼 수 있습니다.

1944년 최순영 여사와 결혼식을 올린 그는 해방과 더불어 본격적으로 장사에 뛰어듭니다. 그는 서울 충무로에 셋집을 얻고 남산에 가게를 열어 면사를 떼다 팔았습니다. 그런데 첫딸을 낳던 해에 한국전쟁이 터지면서 개성에 있는 부모님과 생이별을 하게 됩니다. 고향에 두고 온 부모님에 대한 사무치는 그리움은 그에게 평생 한이 됐습니다.

이후 그는 피난지 부산에서 재봉틀을 수입합니다. 미국산 싱거 미싱은 혼수품 1호로 꼽힐 만큼 큰 인기를 끌었습니다. 그러나 1953년에 일어난 국제시장 대화재와 이승만 대통령이 단행한 화폐개혁으로 애써 일군 그의 사업 기반이 송두리째 무너져 내렸습니다. 하지만 이때의 경험은 그에게 소중한 자산이 됐습니다. 어떤 어려움이 닥쳐온다고 해도 반드시 극복할 수 있다는 자신감과 매사를 긍정적으로 보는 안목이 길러진 겁니다.

휴전 후 우상기는 성호상사라는 이름을 내걸고 무역업에 손을 댔습니다. 그는 타고난 장사꾼이었습니다. 그즈음 그의 눈을 단박에 사로잡은 물건이 있었습니다. 난생처음 보는 복사기였습니다. 처남이 근무하던 산업은행 조사부에 들렀다가 일본 신문에 난 리코(理光)사의 복사기 광고를 본 것입니다. 그는 그것이 자신에게 찾아온 절호의 사업 기회라는 걸 본능적으로 알아차렸습니다. 1959년은 제록스라는 이름의 자동 고속복사기가 개발돼 복사기의 대중화가 이루어진 해입니다. 우상기는 1960년 자본금 5,000만 환으로 신도교역을 설립합니다. 신도라는 이름은 개성에 대한 사랑과 서울에서 새롭게 출발한다는 의지를 담은 것입니다. 새로운 사업 터전인 서울을 신송도(新松都)로 여긴다는 데서 신도가 탄생했습니다."

사무기기 국산화의 신기원을 이룩하다

"사무 환경의 변화와 첨단 사무기기의 대중화는 거스를 수 없는 시대적 흐름이었습니다. 1962년 일본으로 건너간 우상기 사장은 리코사 창업자인 이치무라 기요시(市村淸) 사장을 만나 한국총판계약을 맺습니다. 리코사는 사무기기는 물론 정보기기, 광학기기에 이어 반도체까지 제조 판매하는 대기업이었습니다. 두 경영자 사이의 인간적 신뢰와 우정은 이후 회사의 성장에 커다란 도움이 됩니다. 때마침 서울시에서 호적 사무의 기계화가 시도됩니다. 복사기 판매가 늘면서 복사 용지와 토너 등 소모품의 매출도 덩달아 올라갔습니다.

회사가 성장 가도를 달리자 우상기 사장은 복사기 국산화에 도전합니다. 수많은 땀방울과 눈물이 모여 드디어 우리 기술로 만든 복사기가 탄생했습니다. 어떤 외국 제품과 비교해도 품질에 손색이 없던 그 복사기가 바로 1964년에 출시된 '리카피 555'입니다. 이후 매년 200퍼센트에 육박하는 성장을 거듭하던 신도교역은 리코사와의 합작에 합의하고 1970년 신도리코를 출범시켰습니다.

투자 비율 50:50으로 출발한 신도리코의 경영은 여전히 우상기 사장이 맡았습니다. 그가 리코사에 내건 합작 조건은 세 가지였습니다. 경영은 한국 측이 맡고, 원자재와 부자재 구매 조달권도 한국 측이 가지며, 기술은 리코사가 한국 측에 무상

　세계가 놀란 개성회계의 비밀

으로 제공한다는 것이었습니다. 이는 한국에 일방적으로 유리한 획기적 조건이었습니다.

1971년 성수동으로 본사와 공장을 지어 이전한 신도리코는 비약적으로 발전합니다. 1982년 기술연구소를 세우고, 1983년 충남 아산 공장을 개설했으며, 1990년대 들어 세계특허의 종이 걸림 자동 제거 복사기를 생산했습니다. 1997년에는 국내 최초의 디지털 복합기인 시그마를 선보이기도 했습니다. 연구개발과 생산 부문에서 세계 수준의 경쟁력을 갖춘 신도리코는 2003년 중국 칭다오, 2015년 베트남 하노이에 공장을 설립했습니다. 또한 2010년 중국, 2012년 미국, 2016년 베트남에 판매법인을 설립하면서 글로벌 진출을 가속하고 있습니다. 현재 3D 프린터 산업에 진출해 세계 최고의 2D & 3D Partner를 목표로 변신하고 있습니다. 2002년 우상기 회장 타계 이후에는 장남인 우석형 회장이 취임해 경영을 이어오고 있습니다."

유건철은 물을 한 모금 더 마시며 말을 이어갔다.

"신도리코 우상기 회장의 경영철학은 삼애정신(三愛精神)과 삼무경영(三無經營)으로 요약할 수 있습니다. 나라, 직장, 사람을 사랑하자는 삼애정신은 신도리코의 원칙 중 하나입니다.

삼무경영은 무차입 경영을 의미합니다. 아무리 어려워도 남의 돈을 꾸지 않는 개성상인의 기질이 드러난 것입니다. 여기서 비롯된 안정된 재무구조와 가족적 기업문화는 경영환경 변화에 발 빠른 대응을 할 수 있도록 해주었습니다. 사무기기의 연구개발, 생산, 영업 및 서비스에서 글로벌 경쟁력을 갖춰온 신도리코는 현재 3D 프린터 분야에서도 세계 시장에 진출하고 있습니다."

품질지상주의를 선도하는 개성상인의 후예, 한일시멘트

한국에서 가장 존경받는 기업은?

"여러분, 우리나라에서 가장 존경받는 기업은 어디일까요?"

"삼성 아닌가요?"

"네, 삼성⋯ 한국을 대표하는 글로벌 기업이죠. 다른 분들은 어떻게 생각하십니까?"

"오로라식품입니다."

"오, 아주 애사심이 대단한 분이시군요. 오로라식품 역시 존경받는 기업 맞습니다."

기업 이야기로 들어가니 흥미가 생겨서인지 다양한 의견이 나왔다.

"기업이 국민에게 칭찬을 넘어 존경까지 받으려면, 일단 시장에서 그 회사의 제품이나 서비스가 최고의 품질과 정직한 가격이라는 평가를 받아야겠죠. 그리고 회사의 조직이나 회계 구조가 합리적이고 정직하게 운영된다는 평가를 받아야 하고요. 이 모두를 갖춘 회사라면 응당 존경받는 기업이 될 수 있을 겁니다. 2018년까지 무려 15년 연속 가장 존경받는 기업으로 선정된 회사가 있습니다. 혹시 어딘지 아시겠습니까?"

직원들이 그런 회사가 다 있느냐는 표정으로 나지막이 웅성거렸다.

"바로 한일시멘트입니다. 한국능률협회에서 선정하는 '한국에서 가장 존경받는 기업' 시멘트 산업 부문에서 2018년까지 15년 동안 한 해도 거르지 않고 1위에 올랐습니다.

한일시멘트의 비전과 핵심 가치를 보면 특이한 게 눈에 띕니다. '도덕성을 바탕으로 사회 발전에 기여하는 기업', '품질지상주의를 신조로 하는 기업'이라는 말입니다. 높은 생산성을 바탕으로 보다 많은 이윤을 추구해야 하는 기업의 특성상 회사가 추구하는 가치에 '도덕성'이라는 말은 거의 사용하지 않죠. 기업은 사회단체나 봉사단체, 종교단체와 다르기 때문입니다. 그런데 한일시멘트는 도덕성을 앞세우고 있습니다. 그리고 최고의 품질을 목표로 하는 기업은 많지만 그것을 품질지상주의로 규정하고 신조로까지 삼는 기업 역시 흔치 않습니다. '높은 도덕성'과 '품질지상주의'라는 이 기업의 비전만 들여다봐도 과연 국민으로부터 존경받는 기업은 다르구나 하는 생각이 듭니다."

못하는 운동이 없었던 청년 사업가

"한일시멘트 창업자 허채경 회장은 1919년 개풍군 북면 가토미리에서 태어났습니다. 지금은 북한 황해북도에 속해 있는 개풍군은 개성특급시와 맞닿아 있습니다. 원래는 같은 개성군이었으나 1930년 개성군 송도면이 개성부로 승격됨에 따라 부외 지역을 개풍군으로 개칭한 것입니다. '개풍'이라는 명칭은 기존 명칭인 '개성'과 1914년 행정 통폐합 때 개성군에 병합된 옛 고을 '풍덕'에서 앞글자를 따온 것입니다. 그 뒤 북한의 행정구역 개편으로 개성직할시가 설치되면서 개성직할시에 속했다가 2003년 개성직할시가 폐지되고 개성특급시가 되면서 황해북도로 편입됐습니다. 고려 시대의 왕릉과 유적이 많은 고장입니다.

보통학교를 마친 허채경은 상급 학교에 진학하고 싶었으나 가정 형편상 포기해야만 했습니다. 하지만 배움에 대한 열정이 남달랐던 그는 부친 몰래 마을에서 존경받던 김 진사를 찾아가 한학을 공부합니다. 훗날 그는 김 진사 댁 사위가 됩니다. 총명한 그를 가르치며 김 진사가 사윗감으로 점찍어둔 것입니다. 이후 부친의 배려로 송도중학교에 진학한 그는 공부와 운동 모든 면에서 두각을 나타냅니다. 체구는 작았지만 못하는 운동이 없었습니다. 유도부와 검도부에서 활약했고, 씨름 시합에 나가 황소를 타 오기도 했답니다.

송도중학교를 졸업한 허채경은 인근에서 가장 큰 금광인 삼보광산에 취직합니다. 2년 동안 직원으로 열심히 일한 후 자영업을 시작했습니다. 광산에 필요한 갱목을 전국 광산에 납품하는 목재 사업이었습니다. 이 일로 얼마간 사업자금을 모은 그는 원산에 가서 카바이드(carbide) 사업에 손을 댑니다.

카바이드는 물과 반응하면 아세틸렌가스를 발생시키는 물질, 즉 탄화칼슘의 상품명입니다.

얼마 뒤 개성으로 돌아온 그는 칠보석회를 창업했습니다. 석회는 시멘트가 귀하던 시절 매우 중요한 건축 자재였습니다. 그는 양질의 석회석을 원료로 소석회(消石灰)를 생산해 판매했습니다. 소석회는 물과 반응시킨 석회로 건축에서 모르타르나 회반죽 용도로 사용합니다. 사업은 꽤 번창했습니다."

> ### 시멘트 산업이야말로 한국에 가장 필요한 기간사업이 될 것이다

"해방 이후 정국은 좌우익의 극심한 대립으로 바람 잘 날 없었습니다. 신탁통치를 반대하는 우익 계열에서 활동하던 허채경은 좌익 테러분자들에게 납치돼 목숨을 잃을 위기에 처했으나 구사일생으로 살아납니다. 그 뒤 한국전쟁 때 가족들을 데리고 남쪽으로 내려왔습니다. 부산에서의 피난살이는 말이 아니었습니다. 대전으로 터전을 옮긴 그는 작은 소석회 공장을 차려 소석회와 시멘트 등 건축 자재를 판매했습니다. 전후 최대 과제는 폐허가 된 국토를 재건하고 무너진 경제를 일으켜 세우는 것이었습니다. 이에 허채경은 토목과 건축의

기초가 되는 시멘트 산업이 가장 필요한 기간사업이 될 것으로 예측했습니다. 서울로 옮긴 그는 시멘트 특약점을 차려 운영했습니다. 조용히 때를 기다리던 그는 1960년 전국 각지의 시멘트 특약점 주인들을 주주로 하여 한국양회판매주식회사를 설립하고 대표이사에 취임했습니다.

1961년 5·16쿠데타로 집권한 군사정부에서는 경제 개발을 강력하게 밀어붙였습니다. 이에 허채경 사장은 그해 말 발기인들을 모아 한일시멘트공업주식회사 창립총회를 개최했습니다. 발기인들은 그를 대표이사 사장으로 선임했습니다. 그의 주도면밀한 준비 덕분에 경제기획원이 공모한 외자도입 대상 사업자 심사에서 한일시멘트가 최우수 업체로 선정됩니다. 외자도입에 성공한 그는 세계 굴지의 시멘트 생산기계 제작사인 서독의 폴리시우스사와 계약을 체결하고, 충북 단양군 매포읍 우덕리에 시멘트 공장을 짓습니다. 우덕리에 있는 객산(客山)은 그가 배낭을 둘러메고 전국의 산야를 찾아 헤맨 끝에 발견한 곳으로 양질의 석회석이 풍부하게 매장돼 있는 보석 같은 땅이었습니다.

마침내 1964년 6월 20일, 한일시멘트 단양 공장 준공식이 거행됐습니다. 이날 서울에서 단양까지 특별 열차가 운행됐으며, 비가 오는 날씨였음에도 박정희 대통령을 비롯해 수많은 귀빈과 보도진 그리고 7,000여 명의 인근 주민이 공장을 보기 위해 모여들었습니다.

이후 회사는 승승장구하여 창립 5년 만에, 그리고 단양 공장 준공 30개월 만에 흑자 경영에 들어섭니다. 1969년 한일시멘트는 단양 공장에 50만 톤 증설 공사를 끝냈으며, 업계 최초로 주식을 상장해 공개법인체로 전환했습니다. 1974년에는 한일실업(한일산업)을, 1978년에는 한일건설을 설립했고, 1987년에는 대전 중앙연구소를 준공했으며, 1988년에는 서울시로부터 사업권을 따내 서울랜드를 개장했습니다.

아울러 허채경 회장은 차남인 허영섭 회장과 함께 1967년 제약회사인 녹십자도 세웠습니다. 생명공학을 선도하는 세계적인 제약기업으로 거듭나고 있는 녹십자는 허영섭 회장의 작고 후에 다섯째 아들 허일섭 회장과 함께 허영섭 회장의 아들인 허은철 사장이 경영을 잇고 있습니다. 한일시멘트는 1995년 허채경 회장이 타계한 뒤 장남 허정섭 회장과 삼남 허동섭 회장, 사남 허남섭 회장에 이어 현재는 장손인 허기호 회장이 경영을 맡고 있습니다."

세계가 놀란 개성회계의 비밀

이윤보다 공익을 추구하는 개성상인의 후예, 아모레퍼시픽

—

아름다운 집념이 만들어낸 히트 상품들

"예전에는 휴가를 주로 여름에 갔지만 요즘은 사시사철 개인의 취향에 맞춰 자유롭게 떠나는 문화로 바뀌고 있습니다. 여름휴가 하면 가장 먼저 떠오르는 휴양지가 어디인가요?"

"하와이!"

"제주도요!"

"네, 다 좋죠. 우리나라에서는 제주도가 대표적일 겁니다. 제주도로 휴가를 다녀오신 분들 중에는 서귀포시 안덕면 서광리에 있는 오설록에 들렀다 오신 분들이 많을 겁니다. 세계적인 티뮤지엄이죠. 2017년 한 해에만 180만 명이 넘게 다녀갔다고 하니 이제 한국을 넘어 국제적인 관광 명소가 된 듯합니다.

오설록의 뜻이 뭔지 아시나요? 오설록이란 '눈 속에서도 피어나는 녹차의 생명력에 대한 감탄의 표현'과 'Origin of Sulloc', 즉 '이곳이 설록차의 고향'이라는 뜻을 담고 있다고 합니다. 이 오설록은 아모레퍼시픽의 서성환 회장이 집념과 투지로 일궈낸 곳입니다. 1979년 제주의 돌밭을 개간할 때 그의 생각은 이랬습니다.

— 어느 나라를 가도 나라마다 독특한 차가 하나씩은 있는데 우리나라에는 없다. 어떤 희생을 치르더라도 우리의 전통 차 문화를 정립하고 싶다.

이 같은 그의 철학이 오늘날 오설록을 낳았습니다. 기온과 토양, 강수량 등에서 녹차 재배의 최적지로 손꼽히는 제주 오설록. 이곳에서 생산되는 녹차는 전 세계로 수출되며 세계인의 차 문화를 견인하고 있습니다. 2015년에는 북아메리카 티 챔피언십 덖음차 부문에서 오설록에서 만든 세작, 우전, 일로향이 2,500여 개의 차 중에 1, 2, 3위를 석권하기도 했습니다.

오로라식품에도 여직원들이 참 많으신데요. 여성이라면 누구나 관심이 있는 게 바로 화장품일 겁니다. 다양한 제품을 쓰시겠지만 혹시 설화수라는 제품 좋아하시나요?"

"네, 최고예요!"

여직원들 사이에서 갑작스레 탄성이 터져 나왔다.

세계가 놀란 개성회계의 비밀

"네, 대단하군요. 이 역시 아모레퍼시픽의 히트 상품이죠. 제가 개성상인의 후예로서 아모레퍼시픽과 약간의 인연이 있습니다. 오늘 강의를 준비하면서 좀 무리를 해서 설화수 윤조 에센스와 자음생크림 샘플을 얻어왔습니다. 이따가 강의 끝나고 나가실 때 하나씩 받아가시기 바랍니다. 혹시 모자랄 수도 있으니 여성분들만 가져가셔야 합니다."

"정말요? 감사합니다!"

좋아라 하는 목소리에 유건철도 저절로 기분이 좋아졌다.

동백기름과 창성상점

"서성환 회장은 1924년 황해도 평산군 적암면 신답리에서 3남 3녀 중 차남으로 태어났습니다. 그의 고향은 고려가 망하자 조선으로의 출사를 거부한 채 절개를 지키며 살던 이천 서씨 집성촌이었습니다. 부친은 한량 기질을 지닌 평범한 농부였으나 모친 윤독정 여사는 생활력이 강한 활달한 아낙이었습니다.

그의 부모님은 먹고살 길을 찾아 그가 다섯 살 때 경성으로 이사를 합니다. 그러나 눈 감으면 코 베어 가는 경성의 살림살이는 더 팍팍했습니다. 2년 뒤 식구들은 다시 봇짐을 짊어지고 개성으로 이사했습니다. 그들이 자리 잡은 곳은 경성으로 향하는 길목이자 상업 중심지인 남문 근처 구리개였습니다.

서성환의 모친은 가족을 건사하기 위해 장사를 시작합니다. 등잔 기름, 염색용 물감, 머릿기름 등을 파는 일이었습니다. 무거운 짐을 이고 다니며 보따리 행상을 하는 일은 여간 고되지 않았습니다.

얼마간 시간이 흘러 제법 장사의 틀이 잡히자 그녀는 욕심을 냈습니다. 남의 물건을 떼다 파는 게 아니라 직접 물건을 만들어 팔기로 한 것입니다. 그녀의 첫 작품은 여인들이 쪽진 머리에 바르는 동백기름이었습니다. 곱게 빗은 머리에 윤기가 흐르는 까만 머리는 아름다운 여인의 상징이었습니다. 그때가 1932년이었는데요. 손재주가 좋고 머리가 비상했던 그녀가 만든 동백기름이 입소문을 타면서 인기를 얻었습니다.

그런데 그즈음 이상한 일이 벌어졌습니다. 그녀는 식구들이 먹을 밥상 옆에 늘 또 하나의 밥상을 차려 보자기를 덮어두었습니다. 가게를 찾는 손님 중 밥때를 놓친 사람에게 내주기 위함이었습니다. 손님이 없는 날은 걸인에게 밥상을 내줬습니다. 남편과 아이들은 불평을 했지만 그녀는 아랑곳하지 않

세계가 놀란 개성회계의 비밀

았습니다. 정을 나누고 손을 펴서 베풀면 언젠가 반드시 그 복이 돌아온다고 믿었던 겁니다.

서당에서 글을 배우던 서성환은 열세 살 때 개성 중경보통학교 4학년에 편입합니다. 학교를 졸업한 그는 상급 학교 진학을 포기하고 어머니의 가업을 도왔습니다. 그즈음 어머니 가게에는 '창성상점(昌盛商店)'이라는 간판이 내걸렸습니다. 제품에도 '창성당제품'이라는 상표가 붙었습니다. 성품과 기질이 영락없이 개성상인인 서성환은 어머니의 가르침을 받으며 하나하나 일을 배워나갔습니다.

그는 자전거를 타고 개성에서 경성까지 180리를 오가며 남대문시장에서 원료와 용기 등을 구입해 어머니에게 가져다드렸습니다. 시장 일을 익힌 그에게 어머니는 화장품 제조법을 가르쳤습니다. 그때 그가 어머니에게 배운 교훈은 '기술은 훔쳐도 자세는 훔칠 수 없다'라는 것이었습니다. 장인이 되는 길에는 왕도가 따로 없었습니다. 그의 몸과 마음에는 성실과 정직이 굳건하게 새겨졌습니다. 다음으로 그가 익힌 것은 판매, 즉 장사였습니다. 1941년 개성 남안동에 3층 양옥 건물인 김재현백화점이 문을 열었습니다. 그의 노력으로 창성당제품이 백화점에 자리를 잡고 판매되기 시작했습니다."

"태평양전쟁을 일으킨 일제는 조선 청년들을 징용으로 끌고 갔습니다. 한창 장사에 재미가 붙고 있었지만, 서성환은 도리 없이 징용을 가야만 했습니다. 1945년 1월 중국 전선에 투입된 그는 8개월가량 전쟁의 참상 속에 머물다 일본이 패망하자 천신만고 끝에 고향으로 돌아왔습니다. 안정을 찾은 그는 다시 일에 매진하던 중 김재현백화점에서 일하는 황해도 개풍 출신의 변금주를 만나 혼례를 치릅니다. 그즈음 어머니를 설득해 서울로 터전을 옮겼고, 남대문시장 부근 남창동에서 태평양화학공업사라는 현판을 내걸고 사업을 시작했습니다. 그러나 곧바로 터진 한국전쟁은 그를 또 한 번 절망의 나락으로 내몰았습니다. 휴전으로 포성이 멈춘 서울은 폐허 그 자체였습니다. 하지만 모진 현실도 그의 꿈을 가로막지는 못했습니다.

그가 개발한 첫 번째 작품인 메로디크림과 메로디포마드가 선풍적인 인기를 끌었습니다. 국내 최초로 개발한 순식물성 ABC포마드는 출시되자마자 시장을 석권하는 돌풍을 일으켰습니다. 그가 만든 제품들은 품질도 뛰어났지만 포장 디자인과 용기 또한 당대 수준을 뛰어넘는 참신한 것이었습니다. 태평양은 국산 화장품 고급 브랜드의 대명사로 자리매김해나갔습니다. 1954년 그는 국내 업계 최초로 연구실을 만들어 체계적인 화장품 연구에 박차를 가했으며, 1956년 용산에 새롭게 터를 잡았습니다. 사업은 탄탄대로를 걷고 있었습니다. 그런데 1959년 봄, 그의 정신적 기둥이자 위안처였던 어머니가 66세의 짧은 생을 뒤로한 채 급작스럽게 세상을 떠났습니다. 형언할 수 없는 깊은 슬픔이었습니다.

그러나 그는 아픔을 딛고 미완의 꿈을 이루기 위해 다시 일어섰습니다. 그해 태평양화학공업주식회사는 국내 화장품 업계 최초로 프랑스 초일류 기업인 코티사와 기술 제휴를 맺었습니다. 이 일은 그의 꿈에 날개를 달아줬습니다. 이듬해 서성환 사장은 직접 프랑스로 건너가 파리를 거닐며 새로운 세상에 눈떴습니다. 전 세계인들로부터 사랑받는 화장품을 만들어 세상 모든 사람을 한국의 미로 가득 채우게 될 날을 벅찬 가슴으로 기대하게 된 것입니다.

결국 그의 꿈은 이루어졌습니다. 1962년 영등포에 현대식 공장을 준공한 이래 1971년 일본 동경지사 설립, 1972년 미국 뉴욕지사 개설, 1978년 독일 프랑크푸르트 현지법인 설립 등으로 그의 꿈이 태평양을 넘나들게 된 것입니다. 1993년 ㈜ 태평양으로 상호를 변경한 그는 남아 있는 꿈을 아들에게 물려준 채 2003년 눈을 감았습니다. 아들 서경배 회장은 2006년 태평양의 화장품과 생활용품, 식품 사업부문을 인적 분할하여 ㈜아모레퍼시픽을 출범시켰습니다.

── "소비자를 속이지 말고 소비자에게 더 큰 이익을 주라."

그가 가슴 깊이 새긴 아버지 서성환 회장의 유훈은 간단하지만 태산처럼 무거운 것이었습니다."

유건철은 잠시 가만히 서서 강당을 한차례 둘러보았다.

"이 외에도 개성을 모태로 한 기업들이 많습니다. OCI와 가계가 같은 삼광글라스, 유니드를 비롯해 한일시멘트와 관련이 있는 녹십자, 그리고 유화증권, 성보화학, 한국화장품과 잇츠한불도 개성상인의 후예입니다. 그 밖에 삼정펄프, 에이스침대 등 코스피, 코스닥에 상장되어 있는 기업뿐만 아니라 비상장기업 중에도 개성 출신 기업들이 많습니다. 다만 수많은 기업에 대한 자료 수집의 어려움으로 이 자리에서 모든 기

세계가 놀란 개성회계의 비밀

업을 소개하지 못한 점은 양해를 구합니다. 개성상인의 후예 기업들이 우리나라 사회 곳곳에서 국가발전의 성장 원동력이 되어주었다는 사실을 말씀드리고 싶습니다."

물을 한 모금 마시며 유건철은 말을 이어갔다.

"딸아이 때문에 엉겁결에 강단에 서서 두서없이 이 말 저 말 하지 않았는지 우려됩니다. 부족한 것이 많은 강의였지만 한 가지 꼭 강조하고 싶은 것이 있습니다. 자본주의적 전통을 서구 역사와 이론에서만 찾을 게 아니라 우리 역사, 특히 개성상인의 철학과 원리로부터 찾아야 한다는 점입니다. 그중에서도 사개송도치부법은 우리가 반드시 계승 발전시켜야 할 세계 최초·최고의 복식부기이며, 이론과 실무를 두루 겸비한 '회계의 진실'이라고 해도 과언이 아닙니다. 그 진실을 검증하고 실천하는 일은 우리 후손들에게 남겨진 과제입니다.

이상으로 제 강의를 마치겠습니다. 오로라식품 임직원 여러분, 대단히 감사합니다."

유건철이 청중을 향해 고개를 숙였다. 맨 앞자리에 앉아 묵묵히 그의 말을 경청하던 오신용 사장이 자리에서 일어나 크게 손뼉을 쳤다. 그를 따라 하나둘 자리에서 일어나더니 어느

새 전 임직원이 기립해서 아낌없는 박수갈채를 보냈다.

유민의 두 뺨 위로 감격 어린 눈물이 흘러내렸다.

세계가 놀란 개성회계의 비밀

회계가 바로 서야
경제가 바로 선다

개성상인의 철학은 계속 된다

박수 소리가 겨우 잦아든 건 오신용 사장이 강단에 올라 마이크를 잡고 나서였다.

"유건철 선생님 감사합니다. 앞서 세 번에 걸쳐 좋은 강의를 해준 유민 씨에게도 감사드립니다. 저뿐만 아니라 우리 회사 전 임직원에게 새로운 시야와 각오를 갖게 해준, 참으로 유익한 시간이었습니다. 사실 이번 특강을 결정해놓고도 강의가 어떻게 진행될지, 임직원들의 반응은 어떨지 내심 걱정이 되기도 했습니다. 그러나 강의를 들으면서 우리 민족이 창안한 회계 기술이 고려 시대와 조선 시대를 거쳐 정교하게 다듬어지면서 일제강점기에도 살아남아 오늘날까지 이어지고 있다는 사실에 큰 감동을 받았습니다. 개성상인들의 고유한 철학과 상도야말로 세계 어느 나라와 견주어도 손색이 없는 높은 수준의 노블레스 오블리주로서 현재 기업 하는 사람들이 반드시 본받고 따라야 할 길임을 알게 됐습니다.

오로라식품이 올해로 창사 38년째를 맞았습니다. 곧 40주년이 됩니다. 20대 청년 시절 멋모르고 이 일에 뛰어들었던 제가 이제 백발이 가득한 60대가 됐습니다. 그동안 많은 임직원이 최선을 다해 일해주셔서 회사가 성장을 거듭했고, 오늘날 비교적 건실한 중견기업의 모양새를 갖추게 됐습니다. 저는 한 식구나 다름없는 임직원 여러분께 늘 고마운 마음을 가지고 있습니다. 하지만 한편으로 우리 회사가 제2의 창업을 통해 새롭게 도약하기 위해서는 뭔가 결단이 필요하지 않을까 하는 생각을 하게 됐습니다. 라면과 과자를 주로 생산해온 우리 회사는 몇몇 히트 상품도 있고, 경영이나 조직 관리도 안정적이며, 재무구조나 회계 운영도 깨끗하고 정확하게 해왔다고 자부합니다. 그러나 저 자신이 직관과 경험에 의존해 너무 안이하게 경영자의 자리를 지키고 있진 않았는지 반성하게 됩니다.

이번에 인턴사원들을 채용한 것은 조직에 뭔가 새로운 활력을 불어넣기 위해서이기도 합니다. 저는 다소 무리인 줄 알지만 인턴사원들에게 일주일 동안 화성 공장에서 먹고 자면서 생산 현장과 창고 상황 등을 분석해 지난 분기 손익계산서를 제출하도록 했습니다. 의지와 창의력을 보고자 한 것입니다. 그런데 유민 씨가 제출한 보고서를 보고 깜짝 놀랐습니다. 인턴사원이 일주일 만에 작성한 손익계산서가 아니었기 때문입니다. 제가 밤잠을 설쳐가며 고민하던 우리 회사의 구조적 문제와 이를 해결하는 방법, 그리고 전략까지 상세하게 제시돼 있었습니다.

그래서 유민 씨를 불러다 이야기를 나눠보니 그가 개성상인의 후예라는 것이었어요. 대대로 전해 내려오는 사개송도치부법을 어렸을 때부터 배웠다고 하더군요. 저는 개성상인의 상도와 회계법에 대해 알고 싶었습니다. 그래서 이번 특강을 계획한 것입니다.

유민 씨의 보고서에 따르면 우리 회사는 몇 가지 구조적 문제를 가지고 있었습니다. 상세히 이야기할 수는 없지만 재료 공급과 재고, 생산 라인, 완제품 재고와 출고, 그리고 반품 처리와 관리 면에서 개선해야 할 사항들이 많았습니다. 이것만 제대로 선순환 구조로 전환시킨다면 상당한 비용을 절감할 수 있습니다. 아울러 우리 회사는 어린이 소비자를 상대로 한 과자와 중장년층 소비자를 겨냥한 라면을 주력 상품으로 만들어왔습니다. 그런데 향후 인구구조 변화와 소비자 취향 변화 등을 고려할 때 장년과 노년층을 대상으로 한 다이어트 겸용 스낵류를 개발하고, 어린이와 청소년 소비자들에게 맞는 친환경 면류 식품 개발에 박차를 가해야 할 때입니다. 우리 회사가 대외에 공개하던 재무제표와 내부에서 작성하던 재무자료 역시 새로운 회계 원리와 방법으로 들여다볼 필요가 있습니다. 젊은 경영진을 영입해 회사를 좀더 패기 넘치는 분위기로 바꿔야 한다는 생각도 하게 됐습니다.

이 모두가 유민 씨의 보고서를 보면서 내리게 된 판단입니다. 개성상인들이 그랬듯이 우리 회사 또한 투명하고 정직한 회계를 통해 올바른 상도를 지켜나가야 합니다. 게으르고 안일하고 부패하고 나약한 조직은 그것이 가정이든 회사든 사회든 국가든 결코 미래가 없습니다. 그래서 저는 이번 강의를 들으면서 회계가 바로 서야 경제도, 사회도, 나라도 바로 선다는 확신을 갖게 됐습니다. 앞으로 남은 기간 이 정신으로 경영에 임할 생각입니다.

너무 말이 길어졌네요. 끝으로 한 가지만 더 말씀드리겠습니다. 애초 회사에서는 인턴사원 스무 명을 채용해 수습 기간을 거친 뒤 엄정한 평가를 거쳐 이 중 열 명만을 정규직원으로 채용할 계획이었습니다. 하지만 전상인 팀장, 이도양 부장의 강력한 건의를 받고 임원들과 상의한 결과 계획을 바꾸었습니다. 수습 기간이 끝나면 이번 인턴사원 스무 명 전원을 정규직원으로 채용하겠습니다. 열 명은 예정대로 각 부서의 필요에 따라 배치해서 일하게 하고, 나머지 열 명은 새로운 팀을 만들어 우리 회사의 미래를 준비하도록 할 생각입니다.

새로운 팀의 이름은 '개성팀' 입니다. 개성상인들의 철학과 원리, 상도와 상술을 우리 회사 곳곳에 스며들도록 연구하고, 사개송도치부법으로 우리 회사의 재무구조와 회계 운영 등을 획기적으로 개선하는 임무를 맡게 될 겁니다. 새로 만들어지는 개성팀의 팀장은 유민 씨입니다."

오신용 사장이 강단 아래 아버지와 나란히 앉아 있는 유민을 가리켰다.

강당 안은 삽시간에 떠나갈 듯한 박수와 환호로 가득 찼다. 나이 지긋한 임원들과 선배 직원들도 인턴사원들을 마음껏 축하해줬고, 엄지손가락을 치켜세우는 사람도 많았다. 강당 뒤쪽에 모여 있던 인턴사원들이 앞쪽으로 내달리듯 몰려왔다. 그들은 누가 먼저랄 것도 없이 유민을 둘러싼 후 헹가래를 치기 시작했다. 유민이 높이 날아올랐다.

"유민 팀장님 만세!"

"야호, 드디어 우리 모두 정규직원이 되는 그날이 왔구나! 유민 파이팅!"

인턴사원들 모두의 얼굴에는 세상에서 가장 아름다운 웃음 꽃이 활짝 피어났다.

개성상인이 발명한 세계 최초 복식부기 이야기

세계가 놀란 개성회계의 비밀

제1판 1쇄 인쇄 | 2018년 10월 25일
제1판 1쇄 발행 | 2018년 11월 1일

기획 | 한국공인회계사회
지은이 | 전성호
펴낸이 | 한경준
펴낸곳 | 한국경제신문 한경BP
책임편집 | 노민정
교정교열 | 공순례
저작권 | 백상아
홍보 | 정준희 · 조아라
마케팅 | 배한일 · 김규형
디자인 | 김홍신
본문디자인 | 디자인 현

주소 | 서울특별시 중구 청파로 463
기획출판팀 | 02-3604-553~6
영업마케팅팀 | 02-3604-595, 583 FAX | 02-3604-599
H | http://bp.hankyung.com   E | bp@hankyung.com
T | @hankbp   F | www.facebook.com / hankyungbp
등록 | 제 2-315(1967. 5. 15)

ISBN   978-89-475-4422-1   03320